La Pratique
de la Présence de Dieu

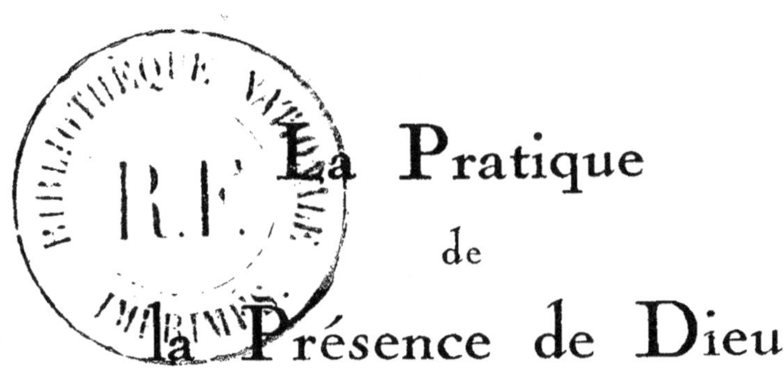

La Pratique
de
la Présence de Dieu

COMPRENANT :

les « ENTRETIENS »
les « MAXIMES SPIRITUELLES »
et les « LETTRES »

du
Frère LAURENT,
Carme déchaussé (1611-1691)

Première réédition complète reproduite intégralement d'après les textes originaux de la Bibliothèque Nationale.

Paris
LIBRAIRIE FISCHBACHER
33, rue de Seine, 33
et
SOCIÉTÉ CHRÉTIENNE DES AMIS (Quakers)
2o, Avenue Victoria, 2o
1924

AVERTISSEMENT AU LECTEUR

*Voici, croyons-nous, la première ré-
édition complète des écrits du Frère Laurent, Carme Déchaussé du XVIIe siècle.
Les deux seules éditions que nous ayons
trouvé à la Bibliothèque Nationale, datent
de quelques années seulement après sa
mort ; elles sont identiques quant au texte,
et c'est ce texte que nous reproduisons ici
intégralement.*

*Il avait paru en Suisse, il y a une
trentaine d'années, une édition incomplète,
maintenant épuisée, et dont une grande
partie était non pas le texte original, mais
une retraduction en français d'une tra-
duction anglaise de celui-ci. En effet, si*

les œuvres du Frère Laurent semblent être restées à peu près inconnues en France, elles ont eu depuis longtemps une très grande circulation en Angleterre. Il en a paru de si nombreuses éditions que ce n'est pas trop de dire que la « Pratique de la Présence de Dieu », comme on l'appelle en général, est livre de dévotion presque aussi connu que l' « Imitation » ou que les « Petites Fleurs de Saint François ».

Nous ignorons complètement pour quelles raisons l'ouvrage est resté si peu connu en France, mais sachant le secours spirituel qu'ont retiré nombre de chrétiens de cette œuvre à la fois si profondément mystique et si éminemment pratique, nous croyons bien faire en essayant de faire connaître à ses propres compatriotes tout ce que nous a laissé cet humble et fidèle serviteur de Jésus-Christ, qui n'appartient ni au Catholicisme, ni au Protestantisme, mais à tous ceux qui, quelle que soit leur étiquette confessionnelle, essayent dans la vie de tous les jours de « faire Jésus Roi ».

Nous avons également reproduit les deux préfaces qui accompagnaient les éditions originales. Elles donneront tous les détails, biographiques et autres, nécessaires à la lecture des écrits du Frère Laurent. Nous avons dû y faire quelques coupures, là où l'écrivain oubliait de nous parler du Frère lui-même pour nous communiquer sur des questions diverses des opinions personnelles qui sont un obstacle plutôt qu'une aide à l'édification et au recueillement.

Eloge du Frère Laurent

ÉLOGE DU FRÈRE LAURENT

Celui dont je fais l'éloge est le Frère Laurent de la Résurrection, Religieux Carme Déchaussé, que Dieu a fait naître dans ces derniers temps pour lui rendre tous les hommages qui lui sont dûs, et pour animer les Frères par les rares exemples de sa piété à la pratique de toutes les vertus.

Il se nomme dans le siècle Nicolas Herman ; son père et sa mère, très gens de bien, et qui menaient une vie exemplaire, lui inspirèrent la crainte de Dieu dès son enfance, et eurent un soin particulier de son éducation, ne lui proposant que des maximes toutes saintes et conformes à l'Évangile.

La Lorraine, qui le vit naître à Hésimini, l'ayant engagé dans le malheur de ses troubles, il embrassa la profession des armes, où, marchant dans la simplicité et la droiture, Dieu le prévint de ses bontés et de ses miséricordes... Les Suédois ayant fait une incursion dans la Lorraine, et attaqué en passant la petite ville de Rambervilliers, notre jeune soldat y fut blessé, et la blessure l'obligea de se retirer chez ses parents qui n'étaient pas éloignés.

Cette aventure lui donna lieu de quitter la profession de la guerre pour en entreprendre une plus sainte, et combattre sous l'étendard de Jésus-Christ. Ce ne furent pas de vains transports d'une dévotion indiscrète qui le dégoûtèrent d'un état si tumultueux ; ce fut par des sentiments d'une piété véritable qu'il prit résolution de se donner tout à Dieu et de rectifier sa conduite passée ; ce ne fut qu'après des réflexions vives, de rudes combats intérieurs' qu,après des larmes et des soupirs que, vaincu enfin par la force des vérités éternelles il prit une ferme résolution de s'attacher invariablement aux pratiques de l'Evangile, et de marcher sur les pas d'un saint Religieux Carme Déchaussé, qui était son oncle...

Ce fut en méditant les promesses de son baptême, les désordres de sa jeunesse, les mystères de notre christianisme et surtout la passion de Jésus-Christ, à laquelle il ne pensait jamais sans être sensiblement touché, qu'il fut changé en un autre homme, et l'humilité de la croix lui parut plus belle que toute la gloire du monde.

Il se retira quelque temps dans un ermitage au désert, mais quoique la vie d'ermite soit excellente pour les avancés et les parfaits, elle n'est pas ordinairement la meilleure pour les commençants ; aussi notre solitaire s'en aperçut-il bien, car voyant régner tour à tour dans son âme la joie et la tristesse, la paix et le trouble, la ferveur et l'indévotion, la confiance et l'accablement, il douta de la bonté de sa voie, et il voulut entrer dans une Congrégation pour y embrasser un genre de vie dont les règlements le rassurassent contre la mobilité de sa conduite.

Effrayé néanmoins par la vue d'un engagement perpétuel et tenté peut-être par le démon, il ne pouvait prendre ce parti : il était de jour en jour plus irrésolu, jusqu'à ce qu'ayant de nouveau prêté l'oreille à Dieu, qui l'appelait avec tant de caresses, il vint à Paris demander l'habit religieux, le reçut parmi les Convers de l'ordre des Carmes Déchaussés et fut nommé Frère Laurent de la Résurrection...

Quoique les Supérieurs destinassent Laurent aux offices les plus abjects, il ne laissa jamais échapper aucune plainte ; au contraire, la grâce qui ne se rebute point de ce qui est âpre et rude le soutint dans des emplois où tout est déplaisant et ennuyeux ; quelque répugnance qu'il y sentît du côté de la nature, il les accep-

tait avec plaisir, s'estimant trop heureux
ou de souffrir ou d'être humilié à l'exemple de son Sauveur. La prévention que
l'on avait de son mérite, et l'estime qu'il
s'était acquise par les actes héroïques de
sa vertu, obligèrent le maître des novices,
pour éprouver sa vocation et la solidité
de son esprit, à grossir les difficultés et
à le presser par différents emplois, et à
l'entreprendre sur le pied d'une âme forte ;
qui bien loin de se rebuter de cette épreuve
la soutint avec la fidélité qu'on en pouvait attendre. Ce qui parut encore dans
une autre occasion, où un Religieux étant
venu lui dire qu'on parlait de le chasser
du monastère, voici la réponse qu'il fit :
« Je suis entre les mains de Dieu ; il fera
de moi ce qu'il lui plaira ; je n'agis
point par respect humain, si je ne le
sers pas ici, je le servirai ailleurs. »

Le temps de sa profession étant arrivé,
il n'hésita point de se sacrifier à Dieu et
sans réserve. Je pourrais ici rappeler
plusieurs belles actions qui convain-
craient le lecteur de la plénitude de son

sacrifice, et qui mériteraient une attention particulière ; mais je les passe sous silence pour m'étendre davantage sur les peines intérieures dont son âme fut affligée, en partie par un ordre de la Providence divine qui le permettait de la sorte pour le purifier, en partie aussi faite d'expérience, voulant marcher à sa façon dans la vie spirituelle. Il envisageait les péchés de sa vie passée, et cette vue lui causait de l'horreur et le rendait si petit et si méprisable à ses yeux qu'il se jugeait indigne des moindres caresses de l'Epoux ; cependant il s'en voyait extraordinairement favorisé, et dans l'humble sentiment qu'il avait de sa propre misère, il n'osait accepter les biens célestes qu'il lui présentait, ne sachant pas encore que Dieu fût assez miséricordieux pour se communiquer à un pêcheur tel qu'il se croyait être. Ce fut alors que la crainte de l'illusion commença à s'emparer fortement de son cœur, et que son état lui parut si douteux qu'il ne savait plus que devenir : ce qui lui causa dans la suite des tourments si terribles, qu'il ne les pouvait exprimer qu'en les comparant à ceux de l'enfer.

Dans cet état fâcheux, il allait souvent dans un lieu retiré proche de son officine, où il y avait une image du Sauveur attaché à la colonne ; là, le cœur affligé, et tout baigné dans ses larmes, il s'épanchait devant son Dieu, et le conjurait de ne point le laisser périr, puisqu'il mettait toute sa confiance en lui et n'avait d'autre intention que celle de lui plaire.

Cependant, quelque prière qu'il fit à Dieu, ses peines ne laissèrent pas d'augmenter par des craintes et des perplexités si embarrassantes, que son esprit fut tout à coup arrêté ; la solitude, qu'il avait regardée comme un port assuré, lui parut alors comme une mer agitée de furieuses tempêtes ; son esprit alarmé ainsi qu'un vaisseau battu des vents et de l'orage, abandonné par son pilote, ne savait quel parti prendre ni à quoi se résoudre, car d'un côté il sentait une inclination secrète qui le portait à se rendre au Seigneur par une immolation continuelle de lui-même, et d'un autre, la crainte qu'il avait de s'écarter de la voie ordinaire lui faisait innocemment résister à Dieu. Toutes ses vues fâcheuses à la nature le remplissaient d'horreur, et tout lui paraissait affreux ; outre cela son âme était plongée dans une telle amertume et dans des ténèbres si épaisses que ni du côté du ciel, ni du côté de la terre il ne recevait aucun secours.

Cette conduite, toute rigoureuse qu'elle soit, est pourtant celle que Dieu garde souvent, pour éprouver la vertu de ses véritables serviteurs, avant de leur confier les inestimables trésors de sa sagesse, et c'est aussi celle qu'il a tenue à l'égard du Frère Laurent.

On ne peut s'imaginer jusqu'où allait sa patience, sa douceur, sa modestie, sa modération, sa fermeté et sa tranquillité dans ces sortes d'épreuves ; comme il était humble dans ses sentiments et dans sa conduite, n'ayant que de petites idées de lui-même, il n'estima véritablement que la souffrance et les humiliations ; aussi ne demanda-t-il que le calice du Seigneur, et on lui en fit boire toute l'amertume.

Encore s'il eût plu à Dieu de lui conserver quelque peu de l'onction qu'il avait ressentie au commencement de sa pénitence ; mais non, tout lui fût ôté ; dix années de crainte et de troubles ne lui donnèrent que très peu de relâche ; nul goût dans l'oraison, nul adoucissement dans ses peines ; c'est ce qui lui rendait la vie si pesante, et ce qui le réduisait à une disette si extrême qu'il était devenu comme onéreux à lui-même, et ne pouvait se souffrir ; de sorte que la foi seule était tout son soutien.

Dans cette foule de pensées différentes, et qui le réduisirent à l'extrémité, son courage ne l'abandonna pas ; au contraire, dans le plus fort de ses peines il eut toujours recours à la prière, à l'exercice de la présence de Dieu, à la pratique de toutes les vertus chrétiennes et religieuses, aux austérités corporelles, aux gémissements et aux larmes, à de longues veilles, passant quelquefois presque des nuits entières devant le Très-Saint Sacrement, où enfin un jour, faisant réflexion sur les peines dont son âme était affligée, et connaissant que c'était pour l'amour de Dieu, et par la crainte de lui déplaire qu'il les souffrait, il prit une généreuse résolution de les endurer non seulement le reste de sa vie, mais encore pendant toute l'éternité, s'il plaisait à Dieu d'en ordonner ainsi : « Car, disait-il, il ne m'importe plus ce que je fasse, ou ce que je souffre, pourvu que je demeure amoureusement uni à sa volonté, étant là toute mon affaire. »

C'était là justement la disposition où Dieu le voulait, pour le combler de ses grâces ; aussi dès ce moment la fermeté de son cœur s'augmenta plus que jamais ; et Dieu, qui n'a besoin ni de temps ni de beaucoup de raisonnements pour se faire entendre, tout d'un coup lui ouvrit les yeux. Laurent aperçut un rayon d'une divine lumière qui, éclairant son esprit, dissipa toutes ses craintes, fit cesser ses peines, et les grâces qu'il reçut le dédommagèrent bien de toutes ses afflictions passées. Ce fut alors qu'il éprouva, ce que dit le grand saint Grégoire, que le monde paraît très petit à une âme qui contemple les grandeurs de Dieu.

Le saint exercice de la présence de Dieu a fait son caractère particulier, et l'habitude qu'il en avait formée lui était si naturelle qu'il a passé les quarante dernières années de sa vie dans un exercice actuel de la présence de Dieu, ou bien, pour me servir de ses termes, dans un entretien muet et familier avec lui.

Un Religieux, à qui il ne put s'empêcher un jour de répondre, lui ayant demandé un jour de quel moyen il s'était servi pour acquérir une habitude de la présence de Dieu, dont l'exercice lui était si aisé et si continuel, il répondit avec sa simplicité ordinaire : « Dès mon entrée en religion, je regardai Dieu comme le terme et la fin de toutes les pensées et les affections de mon âme. Au commencement de mon noviciat, pendant les heures destinées à l'oraison, je m'occupais à me convaincre de la vérité de cet Être divin, plutôt par les lumières de la Foi que par le travail de la méditation et du discours, et par ce moyen court et assuré, j'avançais dans la connaissance de cet aimable objet avec lequel je formais la résolution de demeurer toujours. Ainsi tout pénétré que j'étais de la grandeur de cet Être infini, j'allais me renfermer dans le lieu que l'obéissance m'avait marqué et qui était la cuisine. Là, solitaire, après avoir prévu toutes les choses nécessaires à mon office, je donnais à l'oraison tout le temps qui me restait, tant devant qu'après le travail. Au commencement de mes occupations je disais à Dieu avec une confiance filiale : « Mon Dieu, puisque vous êtes avec moi, et que par votre ordre je dois appliquer mon esprit à ces choses extérieures, je vous prie de me faire la grâce de demeurer avec vous et de vous tenir compagnie, mais afin que cela soit mieux, mon Seigneur, travaillez avec moi, recevez mes œuvres et possédez toutes mes affections ». Enfin, pendant mon travail, je continuais à lui parler familièrement, à lui offrir mes petits services, et à lui demander ses grâces ; à la fin de l'action, j'examinais de quelle manière je l'avais faite ; si j'y trouvais du bien, j'en remerciais Dieu ; si je remarquais des fautes, je lui en demandais pardon, et sans me décourager je rectifiais mon esprit, et recommençais à demeurer avec Dieu comme si je ne m'en étais jamais écarté. Ainsi, me relevant après mes chutes, et par la multiplicité des actes de foi et d'amour, je suis venu à un état où il me serait aussi peu possible de ne point penser à Dieu qu'il m'a été difficile de m'y accoutumer au commencement »

Il appelait l'exercice de la présence de Dieu le chemin le plus court et le plus facile pour arriver à la perfection chrétienne, la forme et la vie de la vertu, et le grand préservatif du péché.

Il assurait que pour se faciliter cette pratique et pour s'en assurer l'habitude, il ne fallait que du courage et de la bonne volonté ; vérité qu'il a bien mieux prouvée par les œuvres que par les paroles. Car on a remarqué dans sa conduite, lorsqu'il faisait l'office de cuisinier, qu'au fond d'un travail assidu, et au milieu des emplois les plus dissipants, il avait l'esprit recueilli en Dieu. Quoique ses occupations fussent grandes et pénibles, faisant souvent lui seul l'office que deux sont accoutumés à faire, on ne le voyait jamais agir avec empressement ; mais avec une juste modération, il donnait à chaque chose le temps qu'il lui fallait, conservant toujours son air modeste et tranquille, travaillant sans lenteur et sans précipitation, demeurant dans une même égalité d'esprit et dans une paix inaltérable...

Dans cette intime union qui ne peut venir que de ces deux vertus, la foi et l'amour, les espèces de créatures, dont on ne se défait qu'avec peine, s'effacèrent de son imagination ; les puissances de l'Enfer qui ne se lassent jamais de combattre les hommes, n'osèrent plus attaquer Laurent ; ses passions devinrent si tranquilles, qu'il ne les ressentait presque plus, ou si quelquefois pour l'humilier elles excitaient quelque petite émotion, il ressemblait alors à ces hautes montagnes qui ne voyent former des météores qu'à leurs pieds.

Depuis ce temps-là, il sembla n'avoir plus qu'un naturel fait pour la vertu, une humeur douce, une probité entière, et le meilleur cœur du monde. Sa bonne physionomie, son air humain et affable, sa manière simple et modeste, lui gagnaient d'abord l'estime et la bienveillance de tous ceux qui le voyaient ; plus on le pratiquait, plus on découvrait en lui un fond de droiture et de piété qui ne se rencontre guère ailleurs.

On a remarqué que l'une de ses applications ayant été de ne mêler aucune singularité dans ses actions, il conserva toujours la simplicité de la vie commune, sans se revêtir de cet air mélancolique et austère qui ne sert qu'à rebuter les gens ; lui qui n'était pas de ces personnes qui ne fléchissent jamais et qui regardent la sainteté comme incompatible avec des manières honnêtes ; lui qui n'affectait rien, s'humanisait avec tout le monde, et agissait bonnement avec ses frères et ses amis, sans prétendre s'en distinguer.

Il écrivit des choses si relevées et si tendres, tant sur les grandeurs de Dieu que sur les communications ineffables de son amour avec les âmes, que ceux qui ont vu quelques feuilles détachées de ces écrits (qu'il ne prêtait qu'avec peine, et à condition de les lui rendre au plus tôt) en étaient si charmés et si édifiés qu'ils n'en parlaient qu'avec admiration ; mais quelque soin qu'il eût de les cacher, cette exactitude n'a pas empêché d'en recueillir quelques fragments, qui nous ont fait regretter les autres ; car si l'on peut juger de tout ce qu'il avait fait par le peu qui nous reste de ses lettres et de ses maximes, on a tout lieu de croire, comme il l'a déclaré lui-même à un de ses amis, que ses petits ouvrages n'étaient à proprement parler que des effusions du

Saint-Esprit et des productions de son amour ; il les exprimait quelquefois sur le papier, mais comparant ce qu'il venait d'écrire avec ce qu'il expérimentait au dehors, il le jugeait si inférieur et si éloigné des hauts sentiments qu'il avait de la bonté et de la grandeur de Dieu qu'il se trouvait souvent obligé de les déchirer à l'heure même. Il les déchirait d'autant plus volontiers qu'il ne les avait écrits que pour se soulager de sa plénitude, pour donner effort à son esprit, et pour dilater son cœur et sa poitrine, qui étaient trop étroits pour contenir le feu divin qui le dévorait et qui le faisait souffrir étrangement, semblable à un bassin qui, ne pouvant contenir ses eaux, cherche à les répandre, ou bien à un lieu souterrain qui, ne pouvant arrêter la violence du feu qu'il renferme, est forcé de lui donner une issue et de lui faire un passage.

. . . .

Sa charité était si désintéressée qu'il eût aimé Dieu quand même il n'y aurait point eu de peine à éviter ni de récompense à attendre, ne voulant que le bien et la gloire de Dieu et faisant son Paradis de l'accomplissement de sa Sainte volonté. La pureté de son amour était si grande qu'il souhaitait, s'il eût été possible, que Dieu n'eût point aperçu les actions qu'il faisait pour son service, afin de les faire uniquement pour sa gloire et sans aucun retour sur lui-même ; cependant il se plaignait amoureusement et disait à ses amis que Dieu n'en laissait passer aucune sans les récompenser aussitôt au centuple, lui donnant souvent des goûts et des sentiments de sa divinité, qui étaient si grands qu'il en était quelquefois comme accablé ; ce qui lui faisait dire avec son respect et sa familiarité ordinaire : « C'est trop, Seigneur ! c'est trop pour moi ; donnez, s'il vous plaît, ces sortes de faveurs et de consolations aux pécheurs et à ces gens qui ne vous connaissent point, afin de les attirer par là à votre service. Car pour moi qui ai le bonheur de vous connaître par la foi,

il me semble que cela me devrait suffire ;
mais parce que je ne dois rien refuser d'une
main aussi riche et aussi libérale que la
vôtre, j'accepte, mon Dieu, les faveurs
que vous me faites ; ayez pour agréable,
s'il vous plaît, qu'après les avoir reçues,
je vous les rende telles que vous me les
avez données, car vous savez bien que
ce n'est pas vos dons que je cherche et
que je désire ; mais c'est vous-même, et
que je ne peux me contenter de rien
moins. »

S'il a tant aimé Dieu pendant sa vie,
il ne l'aima pas moins à sa mort ; il faisait continuellement des actes d'amour,
et un Religieux lui ayant demandé s'il
aimait Dieu de toute l'étendue de son
cœur, il répondit : « Ah! si je savais que mon
cœur n'aimât pas Dieu, je l'arracherais
tout présentement ». Son mal augmentant
à vue d'œil, on lui apporta tous les Sacrements, qu'il reçut avec joie dans une
pleine connaissance, et un jugement sain,
qui lui dura jusqu'au dernier soupir.
Bien qu'on ne l'abandonnât pas d'un

moment jour et nuit, et qu'on lui donnât tous les secours qu'il pouvait attendre de la charité de ses Frères, on le laissa pourtant reposer un peu pour profiter des derniers moments de la vie qui sont si précieux, et réfléchir sur la grande grâce, que Dieu lui venait de faire, d'avoir reçu tous ses Sacrements ; aussi les employa-t-il très utilement pour demander à Dieu la persévérance finale de son saint amour. Un Religieux lui ayant demandé ce qu'il faisait et à quoi son esprit était occupé : « Je fais répondit-il, ce que je ferai dans toute l'éternité ; je bénis Dieu, je loue Dieu, je l'adore et je l'aime de tout mon cœur; c'est là tout notre métier, mes Frères, d'adorer Dieu et de l'aimer, sans se soucier du reste. » Un Religieux s'étant recommandé à ses prières, et l'ayant pressé de demander à Dieu pour lui le véritable esprit d'oraison, il lui dit, qu'il fallait apporter une coopération et travailler de son côté pour s'en rendre digne ; ce furent là les derniers sentiments de son cœur. Le lendemain, qui fut le lundi douzième de février 1691, sur les neuf heures du matin, sans avoir d'agonie, sans perdre l'usage de ses sens, sans aucune convulsion, mourut dans le baiser du Seigneur le Frère Laurent de la Résurrection, et rendit son âme à Dieu avec la paix et la tranquillité d'une personne qui dort. Aussi sa mort a-t-elle été comme un doux sommeil qui l'a fait passer de cette vie misérable à une vie bienheureuse. Car enfin si l'on peut conjecturer des suites de la mort par les actions saintes qui l'ont précédée, quel sentiment ne peut-on pas porter du Frère Laurent, lui qui est sorti de ce monde chargé de bonnes œuvres et de mérites. Il est aisé de conclure, et on peut présumer sans flatterie, que sa mort a été précieuse devant Dieu, qu'elle a été suivie de bien près de la récompense, que son sort est parmi les saints et qu'il jouit à présent de la gloire ; que sa foi est récompensée par la claire vision, son espérance par la possession, et sa charité commencée par un amour consommé.

Mœurs et Entretiens

MŒURS ET ENTRETIENS
DU FRÈRE LAURENT DE LA RÉSURRECTION, RELIGIEUX CARME DÉCHAUSSÉ, AVEC LA PRATIQUE DE LA PRÉSENCE DE DIEU, TIRÉS DE SES LETTRES A CHAALAS, 1693

J'écris ce que j'ai entendu et vu par moi-même des mœurs du Frère Laurent, Carme Déchaussé, qui est mort dans le couvent de Paris depuis environ deux ans et dont la mémoire est en bénédiction. Quoiqu'on ait déjà donné au public un Eloge et des Lettres de ce bon Frère, j'ai jugé que l'on ne pouvait trop reprendre ce que l'on avait conservé de ce saint homme.

Ce sera le Frère Laurent qui parlera lui-même ; je vous donnerai jusque dans ses propres paroles, dans les entretiens que j'ai eus avec lui, que j'écrivais aussitôt que je l'avais quitté. Personne ne peint mieux les saints qu'eux-mêmes. Les confessions et les lettres de Saint Augustin en font un portrait bien plus naturel que tout ce que l'on pourrait en dire d'ailleurs ; ainsi rien ne fera mieux connaître le serviteur de Dieu, dont j'ai à vous proposer les vertus, que ce qu'il a dit lui-même dans la simplicité de son cœur.

La vertu du Frère Laurent ne le rendait point sauvage ; il avait un accueil ouvert, qui donnait de la confiance, et faisait sentir d'abord qu'on pouvait lui tout découvrir, et qu'on avait trouvé un ami. De son côté, quand il connaissait ceux à qui il avait à faire, il parlait avec liberté et montrait une grande bonté. Ce qu'il disait était simple, mais toujours juste et rempli de sens. Au travers d'un extérieur grossier on découvrait une sagesse singulière, une liberté au-dessus de la

portée ordinaire d'un pauvre frère convers, une pénétration qui passait tout
ce que l'on attendait.

Il a dépeint lui-même ses dispositions
et sa conduite intérieure dans les entretiens que je vous donne. Sa conversion
commença, comme vous l'y trouverez
marqué, par une haute idée de la puissance et de la sagesse de Dieu, qu'il cul-
tiva soigneusement par une grande fidélité à chasser toute autre pensée.

Comme cette première connaissance
de Dieu a été dans la suite, le principe
de toute la perfection du frère Laurent,
il est à propos de s'y arrêter un peu,
pour y considérer sa conduite. La foi
fut la seule lumière dont il se servit, non
seulement pour connaître Dieu dans ce
commencement, .mais il n'a jamais voulu
depuis employer que la foi pour s'instruire
et pour se conduire dans toutes les voies
de Dieu. Il m'a dit plusieurs fois que tout
ce qu'il entendait dire aux autres, tout
ce qu'il trouvait dans les livres, tout ce
qu'il écrivait lui-même lui paraissait fade

en comparaison de ce que la foi lui découvrait des grandeurs de Dieu et de Jésus-
Christ. « Lui seul, disait-il, est capable de
se faire connaître tel qu'il est ; nous cherchons dans le raisonnement et dans les
sciences comme dans une mauvaise copie
ce que nous négligeons de voir dans un
excellent original. Dieu lui-même se
peint au fond de notre âme, et nous ne
voulons pas l'y voir ; nous le quittons
pour des badineries et dédaignons de nous
entretenir avec notre Roi qui est toujours
présent en nous. C'est trop peu, continue-
t-il, d'aimer Dieu et de le connaître par
ce que nous en disent les livres, ou ce que
nous en sentons dans notre âme, par
quelques petites impressions de dévotion,
ou par quelque lumière ; il faut vivifier
notre foi et nous élever par son moyen
au-delà de tous nos sentiments pour adorer
Dieu et Jésus-Christ dans toutes leurs
divines perfections, tels qu'ils sont en
eux-mêmes ; cette voie de foi est l'esprit
de l'Église et elle suffit pour arriver à
une haute perfection. »

Non seulement il contemplait Dieu présent par la foi dans son âme, mais dans tout ce qu'il voyait, dans tout ce qui arrivait, il s'élevait d'abord, en passant de la créature au Créateur. Un arbre qu'il vit sec en hiver le fit tout d'un coup remonter jusques à Dieu et lui en inspira une si sublime connaissance qu'elle était encore aussi forte et aussi vive en son âme après quarante ans que lorsqu'il la reçut. Ainsi en usait-il en toutes occasions, ne se servant des choses visibles que pour arriver aux invisibles.

Par la même raison, il préférait dans le peu de lectures qu'il faisait les saints Évangiles à tous les autres livres, parce qu'il y trouvait à nourrir plus simplement et plus purement la foi dans les propres paroles de Jésus-Christ.

Ce fut par la fidélité à cultiver dans son cœur cette haute *présence de Dieu*, considérée par la foi, que commença le frère Laurent ; il s'entretenait par des actes continuels d'adoration, d'amour, d'invocation du secours de notre Seigneur dans ce qu'il avait à faire ; il le remerciait après l'avoir fait, il lui demandait pardon de ses exigences en les avouant, comme il disait, sans plaider avec Dieu ; et comme ces actes étaient ainsi liés à ses occupations et que celles-ci lui en fournissaient la matière, il les faisait avec plus de facilité, et, bien loin de les détourner de son ouvrage, ils l'aidaient à le bien faire.

Il confesse pourtant qu'il y avait eu de la peine d'abord, qu'il avait été des temps considérables sans se souvenir de son exercice, mais qu'après avoir humblement avoué sa faute, il le reprenait sans trouble.

Quelquefois une foule de pensées extravagantes prenaient avec violence la place de son Dieu, et il se contentait de les écarter doucement pour revenir à son entretien ordinaire. Enfin, sa fidélité mérita d'être récompensée d'un souvenir continuel de Dieu. Ses actes différents et multipliés furent changés en une vue simple, en un amour éclairé, en une jouissance sans interruption. « Le temps de l'action, disait-il, n'est point différent de celui de l'oraison ; je possède Dieu aussi tranquillement dans le tracas de ma cuisine, où quelquefois plusieurs personnes me demandent en même temps des choses différentes, que si j'étais à genoux devant le Saint-Sacrement. Ma foi même devient quelquefois si éclairée que je crois l'avoir perdue ; il me semble que le rideau de l'obscurité est tiré, que le jour sans fin et sans nuage de l'autre vie commence à paraître ». C'est où avait conduit notre bon Frère la fidélité qu'il avait eue à rejeter toute autre pensée pour vaquer à un entretien continuel avec Dieu ; et il se l'était rendu à la fin si familier, qu'il disait qu'il lui était comme impossible de s'en détourner, pour s'occuper d'autre chose.

Vous trouverez dans ses entretiens une remarque importante sur ce sujet, lorsqu'il dit que cette présence de Dieu doit être entretenue plutôt par le cœur et par l'amour que par l'entendement et le discours. « Dans la voie de Dieu, les pensées, dit-il, sont comptées pour peu, l'amour fait tout ».

« Et il n'est pas nécessaire, continue-t-il, d'avoir de grandes choses à faire (je vous dépeins un Frère convers dans la cuisine, permettez-moi ses propres expressions), je retourne ma petite omelette dans la poële pour l'amour de Dieu ; quand elle est achevée, si je n'ai rien à faire, je me prosterne par terre et adore mon Dieu de qui m'est venu la grâce de la faire, après quoi je me relève plus content qu'un roi. Quand je ne puis autre chose, c'est assez pour moi d'avoir levé une paille de terre pour l'amour de Dieu ».

« On cherche des méthodes, dit-il encore, pour apprendre à aimer Dieu ; on y veut arriver par je ne sais combien de pratiques différentes ; on se donne beaucoup de peine pour demeurer en la présence de Dieu par quantité de moyens ; n'est-il pas bien plus court et bien plus droit de tout faire pour l'amour de Dieu, de se servir de toutes les œuvres de son état pour le lui témoigner et d'entretenir sa présence en nous par ce commerce de notre cœur avec lui ? il n'y faut point de finesse, il n'y a qu'à y aller bonnement et simplement. » Je conserve avec religion ses expressions ordinaires.

Il ne faut pourtant pas se persuader qu'il suffise pour aimer Dieu de lui offrir ses œuvres, d'invoquer son secours et de produire des actes d'amour. Frère Laurent n'est arrivé par ces choses à la perfection de l'amour que parce qu'il avait été dès le commencement fort attentif à ne rien faire qui pût déplaire à Dieu ; qu'il avait renoncé à toute autre chose qu'à lui, et qu'il s'était entièrement oublié lui-même.

« Depuis mon entrée dans la Religion, (ce sont ses paroles), je ne pense plus à la vertu ni à mon salut. Après m'être tout donné à Dieu, en satisfaction de mes péchés, et renoncé pour son amour à tout ce qui n'est pas lui, j'ai cru n'avoir plus rien à faire le reste de mes jours que de

vivre comme s'il n'y avait plus que Dieu
et moi au monde ».

C'est ainsi que le Frère Laurent a commencé par ce qu'il y a de plus parfait en
quittant tout pour Dieu et en faisant tout
pour l'amour de lui ; il s'était entièrement
oublié lui-même ; il ne pensait plus ni à
Paradis ni à Enfer, ni à ses péchés passés
ni à ceux qu'il commettait, après qu'il
en avait demandé pardon à Dieu. Il ne
faisait point de retour sur ses confessions ;
il entrait dans une parfaite paix quand il
avait avoué à Dieu ses fautes et qu'il ne
savait faire que cela ; après quoi il s'abandonnait à Dieu, comme il le disait, pour
la vie et pour la mort, pour le temps et
l'éternité.

« Nous sommes faits pour Dieu seul,
disait-il ; il ne saurait trouver mauvais
que nous nous quittions nous-mêmes pour
nous occuper de lui. Nous verrons mieux
en lui ce qui nous manque, que nous ne
l'apercevrons en nous par toutes nos
réflexions, et ce ne peut être qu'un reste
de l'amour de nous-mêmes, qui, sous

l'apparence de notre perfection, nous attache encore à nous et nous empêche de nous élever à Dieu. »

Le Frère disait que dans les grandes peines qu'il avait eues pendant quatre années, si grandes que tous les hommes du monde ne lui auraient jamais pu ôter de l'esprit qu'il serait damné, il n'avait point changé sa première détermination ; mais que sans réfléchir sur ce qui arriverait de lui et sans s'occuper de sa peine (comme font toutes les âmes peinées) il s'était consolé en disant : « arrive ce qui pourra, je ferai du moins toutes mes actions pendant le reste de ma vie pour l'amour de Dieu » ; et qu'ainsi en s'oubliant soi-même, il avait bien voulu se perdre pour Dieu, dont il s'était bien trouvé.

L'amour de la volonté de Dieu avait pris en lui la place que l'on attache d'ordinaire à la sienne, il ne voyait plus dans tout ce qui lui arrivait que l'ordre de Dieu, qui le tenait dans une paix continuelle. Quand on lui parlait de quelque grand déréglement, au lieu de s'en étonner, il était au contraire surpris qu'il n'y en eût encore davantage, vu la malice dont le pécheur était capable ; mais aussitôt, s'élevant à Dieu, voyant qu'il pouvait y remédier, et que cependant il permettait ces maux pour des raisons très justes et très utiles à l'ordre général de sa conduite sur le monde ; après avoir prié pour les pécheurs il ne s'en affligeait pas davantage et demeurait dans sa paix.

Je lui dis un jour, sans aucune préparation, qu'une chose de grande conséquence, qu'il avait fort à cœur, et à laquelle il travaillait depuis longtemps, ne pouvait s'exécuter ; et que l'on venait de prendre une résolution contraire ; à quoi il ne me répondit autre chose, sinon, « il faut croire que ceux qui ont décidé cela ont de bonnes raisons, il n'y a qu'à l'exécuter et n'en plus rien dire » ; il le fit en effet, et si entièrement que, quoiqu'il ait eu souvent depuis l'occasion d'en parler, il n'en a jamais ouvert la bouche.

Un homme de fort grand mérite ayant été voir le Frère Laurent dans une grande maladie, lui demanda ce qu'il choisissait si Dieu lui offrait, ou de le laisser encore quelque temps dans la vie, pour y augmenter ses mérites, ou de le recevoir dès à présent dans le Ciel. Le bon Frère, sans délibérer, répondit qu'il laisserait à Dieu ce choix, et que pour lui il n'en avait point à faire que celui d'attendre en paix que Dieu lui marquât sa volonté.

Cette disposition le laissait dans une si grande indifférence de toutes choses et dans une liberté si entière, qu'elle approchait de celle des bienheureux. Il n'était d'aucun parti. On ne découvrait en lui aucune pente ou inclination.

L'attache naturelle que l'on porte, jusque dans les lieux les plus saints, pour son pays, ne l'avait point préoccupé ; il était également aimé de ceux qui avaient des inclinations opposées ; il voulait le bien en général, sans rapport aux personnes par qui, ou pour qui on le fait. Citoyen du Ciel, rien ne l'arrêtait sur la terre ;

ses vues n'étaient point bornées au temps ; en ne contemplant depuis longtemps que l'Eternel, il était devenu éternel comme lui.

Tout lui était égal, toute place, tout emploi. Le bon Frère trouvait Dieu partout, aussi bien en faisant ses savates qu'en priant avec la communauté ; il n'était point empressé pour faire ses retraites, parce qu'il trouvait dans son travail ordinaire le même Dieu à aimer et à adorer que dans le fond des déserts.

Son seul moyen pour aller à Dieu étant de tout faire pour l'amour de lui, il lui était indifférent d'être occupé d'une chose ou d'une autre, pourvu qu'il la fît pour Dieu. C'était lui, et non la chose, qu'il regardait ; il savait que plus ce qu'il faisait était opposé à son inclination naturelle, plus l'amour qui la lui faisait offrir à Dieu avait de mérite ; que la petitesse de la chose ne diminuait en rien le prix de son offrande, parce que Dieu, n'ayant besoin de rien, ne considérait dans nos œuvres que l'amour dont elles sont accompagnées.

Un autre caractère du Frère Laurent était une fermeté extraordinaire, qu'on aurait nommée intrépidité dans un autre genre de vie et qui montrait une âme grande, et élevée au-dessus de la crainte et de l'espérance de tout ce qui n'était point Dieu. Il n'admirait rien ; rien ne l'étonnait ; il ne craignait rien. Cette stabilité d'âme venait en lui de la même source que toutes les autres vertus. La haute idée qu'il avait de Dieu le lui représentait, tel qu'il est en effet, comme la souveraine équité et l'infinie bonté, sur lesquelles appuyé il était assuré que Dieu ne le tromperait pas et qu'il ne lui ferait que du bien, puisque lui de son côté était résolu de ne lui déplaire jamais, de tout faire et de tout souffrir pour son amour.

Je lui demandais un jour qui était son directeur ; il me répondit qu'il n'en avait point, et qu'il ne croyait pas en avoir besoin, puisque la règle et les emplois qu'il avait dans la religion lui marquaient ce qu'il avait à faire pour l'extérieur, et l'Evangile, l'obligation d'aimer Dieu de tout son cœur ; que connaissant cela, un directeur lui paraissait inutile ; mais qu'il avait grand besoin d'un confesseur, pour lui remettre ses péchés.

Ceux qui ne se conduisent dans la vie spirituelle que suivant leurs dispositions et sentiments particuliers, qui croient n'avoir rien de plus important à faire que d'examiner s'ils ont de la dévotion ou s'ils n'en ont point, ces sortes de personnes ne sauraient avoir de stabilité ni de règle certaine, parce que ces choses changent continuellement ou par notre propre négligence ou par l'ordre de Dieu, qui diversifie ses dons et sa conduite sur nous selon nos besoins.

Le bon Frère, au contraire, ferme dans le chemin de la foi, qui ne change jamais, était toujours égal à lui-même, parce qu'il ne s'étudiait qu'à remplir les devoirs de la place où Dieu le mettait, ne comptant pour mérite que les vertus de son état. Au lieu d'être attentif à ses dispositions et à examiner le chemin par où il marchait, il ne regardait que Dieu la fin de ce chemin, allant à grands pas vers lui par la pratique de la justice, de la charité et de l'humilité, plus appliqué à faire qu'à considérer ce qu'il faisait.

La dévotion du Frère Laurent, appuyée sur ce solide fondement, n'était point sujette aux visions ni aux autres choses extraordinaires ; il était persuadé que celles mêmes qui sont véritables sont le plus souvent des marques de la faiblesse d'une âme qui s'arrête davantage au don de Dieu qu'à lui-même ; et hors le temps de son noviciat il n'y a rien eu de ces sortes de choses dans sa conduite ; du moins n'en a-t-il rien dit aux personnes à qui il avait le plus de confiance et à qui il ouvrait son cœur. Il a marché toute sa vie sur les traces des Saints, par la voie sûre de la Foi ; il ne s'est point écarté du chemin ordinaire qui conduit au salut par les exercices autorisés de tout temps par l'Église, par la pratique des bonnes œuvres, et des vertus de son Etat ; tout le reste lui était suspect. Son grand sens

et la lumière qu'il tenait de la simplicité
de sa foi l'ont garanti de tous les écueils
qui se rencontrent dans la voie de l'Esprit contre lesquels tant d'âmes font aujourd'hui naufrage, en se livrant à l'amour
de la nouveauté, à leur propre imagination, à la curiosité, et à des conduites
humaines.

Préparé par une telle vie et suivant une
conduite si sûre, il vit paraître la mort sans
trouble. Sa patience avait été fort grande
dans tout le cours de sa vie ; mais elle
crût encore quand il s'approcha de sa
fin. Il n'a jamais paru avoir un moment
de chagrin dans la plus grande violence
de son mal. La joie paraissait non seulement sur son visage mais encore dans sa
manière de parler ; ce qui obligea des religieux qui l'allaient visiter, à lui demander si
effectivement il ne souffrait point : « Pardonnez-moi, leur dit-il, je souffre ; le point
que j'ai au côté me blesse ; mais mon esprit est content. » « Mais, ajoutèrent-ils,
si Dieu voulait que vous souffrissiez ces
douleurs l'espace de dix ans, en seriez-

vous satisfait ? » « Je le serais, dit-il, non seulement pour ce nombre d'années, mais si Dieu voulait que j'endurasse mes maux jusqu'au jour du jugement, j'y consentirais volontiers, et j'espérerais encore qu'il me ferait la grâce d'être toujours content. »

L'heure de son départ de ce monde approchant, il s'écriait souvent : « Ah, la Foi, la Foi ! » exprimant plus par là son excellence que s'il en eût dit davantage. Il adorait Dieu sans cesse, et il dit à un Religieux qu'il ne croyait presque plus la résidence de Dieu dans son âme, mais que par le moyen de cette foi lumineuse, il voyait déjà quelque chose de cette présence intime.

Son intrépidité était si grande dans un passage où tout est à craindre, qu'il dit à un de ses amis qui le questionnait sur cet article qu'il ne craignait ni la mort, ni l'Enfer, ni les jugements de Dieu, ni les efforts du Démon.

Comme on prenait plaisir à lui entendre dire des choses si édifiantes, on continua de lui faire des questions ; on lui demanda s'il savait que c'est une chose terrible que de tomber entre les mains d'un Dieu vivant parce que qui que ce soit ne sait assurément s'il est digne d'amour ou de haine : « J'en conviens, dit-il, mais je ne voudrais pas le savoir ; car je craindrais d'avoir de la vanité ; rien n'est meilleur que de s'abandonner à Dieu. »

Après qu'il eut reçu les derniers sacrements, un religieux lui demanda ce qu'il faisait, et à quoi son esprit était occupé : « Je fais, répondit-il, ce que je ferai dans toute l'éternité ; je bénis Dieu, je loue Dieu, j'adore Dieu et je l'aime de tout mon cœur ; c'est là tout notre métier, mes frères, d'adorer Dieu et de l'aimer, sans se soucier du reste. »

Ce furent les derniers sentiments du Frère Laurent, qui mourut peu après, avec la paix et la tranquillité dans lesquelles il avait vécu ; sa mort est arrivée le 12 février 1691, étant âgé d'environ quatre-vingts ans.

Rien ne représente mieux un vrai philosophe chrétien que ce qui vient d'être marqué de la vie et la mort de ce bon Religieux. Tels étaient autrefois ceux qui renonçaient véritablement au monde pour ne plus vaquer qu'à cultiver leur âme et à connaître Dieu et son fils Jésus-Christ, ces hommes religieux qui avaient pour règle l'Evangile et qui faisaient profession de la Sainte Philosophie de la Croix. C'est ainsi que Saint Clément d'Alexandrie nous les décrit, et il semble qu'il avait en vue un homme comme le Frère Laurent quand il dit que la grande occupation du philosophe, c'est-à-dire du sage chrétien, est la prière. Il prie en tous lieux, non en employant beaucoup de paroles, mais en secret dans le fond de son âme ; en promenade, en conversation, dans le repos, pendant la lecture, ou le travail. Il loue Dieu continuellement, non seulement le matin en se levant et à midi, dans toutes ses actions il rend gloire à Dieu comme ces séraphins d'Isaïe. L'application qu'il a par la prière aux choses spirituelles le rend doux, affable, patient, et en même temps, sévère jusques à n'être pas même tenté ; ne donnant prise sur lui ni au plaisir ni à la douleur. La joie de la contemplation dont il se repaît continuellement, sans en être rassasié, ne lui permet pas de sentir les petits plaisirs de la terre. Il habite par la charité avec le Seigneur, quoique son corps paraisse encore sur la terre ; et après avoir eu part, par la Foi, à la lumière inaccessible, il n'a plus de goût pour les biens du monde ; il est déjà par la charité où il doit être, et ne désire rien, parce qu'il a l'objet de son désir, autant qu'il est possible.

Il n'a point besoin de hardiesse, parce que rien en cette vie n'est fâcheux pour lui, ni capable de le détourner de l'amour de Dieu. Il n'a point besoin de se rendre tranquille, parce qu'il ne tombe point dans la tristesse, persuadé que tout va bien. Il n'entre point en colère, et rien ne l'émeut, parce qu'il aime toujours Dieu et est tourné tout entier vers lui seul.

Il n'a point de jalousie, parce que rien ne lui manque. Il n'aime personne de cette amitié commune, mais il aime le Créateur par les créatures ; son âme est dans une consistance solide, exempte de tout changement, depuis qu'oubliant le reste, il n'est attaché qu'à Dieu seul.

Quoique le frère Laurent ait passé sa vie dans la retraite, il n'y a pourtant personne, de quelque condition qu'il soit, qui ne puisse tirer un grand profit de ce que l'on donne ici de sa conduite. Il apprendra aux personnes engagées dans le monde à s'adresser à Dieu pour lui demander la grâce de s'acquitter de leurs devoirs, en traitant leurs affaires, dans leurs conversations, au milieu même de leurs récréations ; à son exemple, elles seront excitées à lui rendre des actions de grâces de ses bienfaits, du bien qu'il leur a fait faire et à s'humilier devant lui de leurs fautes.

Ce n'est point ici une dévotion spéculative, et qui ne puisse être pratiquée que dans les cloîtres ; tout le monde est obligé d'adorer Dieu et de l'aimer, et on ne peut s'acquitter comme il faut de ces deux grands devoirs, sans lier avec lui un commerce de cœur qui nous fasse recourir à lui à tous moments, comme des enfants qui ont peine à se soutenir sans le secours de leur mère.

Non seulement cela n'est point difficile, mais cela est facile et nécessaire à tout le monde et c'est en quoi consiste cette prière continuelle que Saint Paul ordonne à tous les chrétiens. Quiconque ne la fait pas ne sent point ses besoins, ni son incapacité pour tout bien ; il ne connaît ni ce qu'il est, ni ce que Dieu est, ni la continuelle nécessité où il est de Jésus-Christ.

Les affaires et le commerce du monde ne peuvent servir d'excuse sur ce point s'acquitter de ce devoir. Dieu est partout, on peut en tout lieu s'adresser à lui, on peut lui faire parler son cœur en mille manières ; et avec un peu d'amour on ne le trouverait pas difficile.

Les personnes retirées des embarras

de la vie ont encore davantage à prendre dans la conduite du frère Laurent. Comme elles sont délivrées de la plupart des besoins et des bienséances du monde, qui remplissent ceux qui y sont engagés de plusieurs soins, rien ne peut les empêcher, à l'imitation de ce bon Frère, de renoncer à toute autre pensée qu'à celle de faire toutes leurs actions pour l'amour de Dieu et de lui donner, comme il dit, le tout pour le tout.

L'exemple de son détachement général, de l'oubli entier de soi-même, qu'il a porté jusqu'à ne plus penser à son salut pour s'occuper uniquement de Dieu, son indifférence pour toutes sortes d'emplois et d'occupations, sa liberté dans les exercices spirituels, ne sauraient qu'ils ne leur soient très utiles.

Entretiens

ENTRETIENS

Ier *Entretien*. — 3 *août* 1666.

La première fois que je vis le Frère Laurent, il me dit que Dieu lui avait fait une grâce singulière dans sa conversion, étant encore dans le monde âgé de 18 ans. Qu'un jour en hiver regardant un arbre dépouillé de ses feuilles, et considérant que quelque temps après ces feuilles paraîtraient de nouveau, puis des fleurs, et des fruits, il reçut une haute vue de la providence et de la puissance de Dieu, qui ne s'est jamais effacée de son âme ; que cette vue le détacha entièrement du monde, et lui donna un tel amour pour Dieu qu'il ne pouvait dire s'il était augmenté, de-

puis plus de quarante ans qu'il avait
reçu cette grâce.   .

Qu'il avait été laquais de M. de Fui-
bert, le trésorier de l'Epargne, et était
un gros lourdaud qui cassait tout.

Qu'il avait demandé d'entrer en religion, croyant qu'on l'écorcherait pour les
lourdises et fautes qu'il y ferait, et par
là, sacrifier à Dieu sa vie et tout son
plaisir, mais que Dieu l'avait trompé,
n'y ayant rencontré que de la satisfaction;
que cela lui faisait souvent dire à Dieu :
Vous m'avez trompé.

Qu'il fallait s'établir dans la présence
de Dieu et s'entretenant continuellement avec lui, que c'était une chose hon-
teuse de quitter sa conversation pour
penser à des badineries.

Qu'il fallait nourrir son âme d'une haute
idée de Dieu, et que de là nous tirions
une grande joie d'être à lui.

Qu'il fallait vivifier notre foi ; que
c'était une chose pitoyable que nous eus-
sions si peu de foi ; et qu'au lieu de la
prendre pour notre règle et conduite on

s'amusait à de petites dévotions qui changeaient tous les jours ; que cette voie de foi était l'esprit de l'Eglise, et qu'elle suffisait pour arriver à une haute perfection.

Qu'il fallait se donner entièrement et en pur abandon à Dieu, pour le temporel et le spirituel, et prendre son contentement dans l'exécution de sa volonté, soit qu'il nous conduisît par les souffrances ou par les consolations ; que tout devait être égal à celui qui s'était vraiment abandonné.

Qu'il fallait de la fidélité dans les aridités par où Dieu éprouvait notre amour pour lui.

Que c'était là où nous faisions les bons actes de résignation et d'abandon, dont un seul faisait souvent faire beaucoup de chemin.

Que dans les misères et péchés dont il entendait parler tous les jours, au lieu de s'en étonner, il était au contraire surpris qu'il n'y en eût davantage, vu la malice dont le pécheur était capable ; qu'il priait pour lui, mais sachant que

Dieu pouvait y remédier quand il voudrait, il ne s'en affligeait pas davantage.

Que pour parvenir à s'abandonner à Dieu autant qu'il le désirait de nous, il fallait veiller attentivement sur tous les mouvements de l'âme qui se mêlent aussi bien aux choses spirituelles qu'aux plus grossières ; que Dieu donnait lumière pour cela à ceux qui avaient le véritable désir d'être à lui ; que si j'avais ce dessein, je pouvais le demander quand je voudrais, sans crainte de l'importuner ; que sans cela je ne devais point le venir voir.

DEUXIÈME ENTRETIEN

28 *septembre* 1666

Qu'il s'était toujours gouverné par amour, sans aucun autre intérêt, sans se soucier s'il serait damné ou s'il serait sauvé.

Mais qu'ayant pris pour fin de toutes ses actions de les faire toutes pour l'amour de Dieu, il s'en était bien trouvé. Qu'il était content quand il pouvait lever de terre une paille pour l'amour de Dieu, le cherchant lui seul purement et non pas autre chose, non pas même ses dons.

Que cette conduite de l'âme obligeait Dieu à lui faire des grâce infinies, mais qu'en prenant le fruit de ces grâces, c'est-à-dire l'amour qui en naît, il en fallait rejeter le goût, en disant que tout cela n'était point Dieu, puisqu'on savait par la foi qu'il était infiniment plus grand et tout autre que ce que l'on sentait. Qu'en cette manière d'agir, il se passait entre Dieu et l'âme un merveilleux combat : Dieu donnant et l'âme niant que ce qu'elle recevait fût Dieu. Que dans ce combat, l'âme était par la foi aussi forte et plus forte que Dieu, puisqu'il ne pouvait jamais tant donner qu'elle ne pût toujours nier qu'il fût ce qu'il donnait.

Que l'extase et le ravissement n'étaient que d'une âme qui s'amusait au don au lieu de le rejeter, et d'aller à Dieu au delà de son don. Que hors de la

surprise on ne s'y laissait point emporter ;
que Dieu était pourtant le Maître.

Que Dieu récompensait si promptement
et si magnifiquement tout ce que l'on
faisait pour lui, qu'il avait quelquefois
désiré de pouvoir cacher à Dieu ce qu'il
faisait pour son amour, afin que n'en
recevant point la récompense, il eût le
plaisir de faire quelque chose purement
pour Dieu.

Qu'il avait eu une très grande peine
d'esprit, croyant certainement qu'il était
damné ; que tous les hommes du monde
ne lui auraient pu ôter cette opinion,
mais qu'il avait sur cela raisonné en cette
manière : « Je ne suis venu en religion
que pour l'amour de Dieu, je n'ai tâché à
agir que pour lui ; que je sois damné ou
sauvé, je veux toujours continuer à agir
purement pour l'amour de Dieu ; j'aurai du moins cela de bon, que jusqu'à la
mort, je ferai ce qui sera en moi pour
l'aimer. » Que cette peine lui avait duré
quatre ans pendant lesquels il avait
beaucoup souffert. Que depuis il ne son-

geait ni à Paradis ni à Enfer ; que toute sa vie n'était qu'un libertinage et une réjouissance continuelle ; qu'il mettait ses péchés entre Dieu et lui, comme pour lui dire qu'il ne méritait pas ses grâces, mais que cela n'empêchait pas Dieu de l'en combler. Qu'il le prenait quelquefois comme par la main et le menait devant toute la cour céleste, pour faire voir le misérable auquel il prenait plaisir de faire ses grâces.

Qu'il fallait dans le commencement un peu d'application pour se former l'habitude de converser continuellement avec Dieu, et de lui rapporter tout ce que l'on faisait ; mais qu'après un peu de soin on se sentait réveillé par son amour sans aucune peine.

Qu'il s'attendait bien qu'après le bon temps que Dieu lui donnait, il aurait son tour et sa part des peines et des souffrances mais qu'il ne s'en mettait pas en peine, sachant bien que, ne pouvant rien par lui-même, Dieu ne manquerait pas de lui donner la force de les supporter.

Qu'il s'adressait toujours à Dieu quand il se présentait quelque vertu à pratiquer, en lui disant : « Mon Dieu, je ne saurais faire cela si vous ne me le faites faire », et qu'on lui donnait aussitôt de la force et au-delà.

Que quand il avait manqué il ne faisait autre chose que d'avouer sa faute, et dire à Dieu : « Je ne ferai jamais autre chose, si vous me laissez faire ; c'est à vous à m'empêcher de tomber et à corriger ce qui n'est pas bien. » Qu'après cela il ne se mettait point en peine de sa faute, assuré qu'il était du pardon de Dieu.

Qu'il fallait agir très simplement avec Dieu, et lui parler bonnement, en lui demandant secours dans les choses à mesure qu'elles arrivaient ; que Dieu ne manquait pas de le donner, et qu'il l'avait souvent éprouvé.

Qu'on lui avait dit depuis peu de jours d'aller faire la provision du vin en Bourgogne, ce qui lui était fort pénible, parce qu'outre qu'il n'avait point d'adresse pour les affaires, il était estropié d'une jambe et ne pouvait marcher sur le bateau qu'en se roulant sur les tonneaux, mais qu'il ne s'en mettait point en peine, non plus que de toute son emplette de vin ; qu'il disait à Dieu que c'était son affaire, après quoi il trouvait que tout se faisait, et se faisait bien.

Qu'il avait été envoyé en Auvergne l'année précédente pour la même chose ; qu'il ne peut dire comment la chose se fit ; que ce ne fut point lui qui la fit et qu'elle se trouva fort bien faite.

De même, en la cuisine, qui était sa plus grande aversion naturelle, s'étant accoutumé à y tout faire pour l'amour de Dieu, et en lui demandant en toute occasion sa grâce pour faire son ouvrage, il y avait trouvé une très grande facilité pendant quinze ans qu'il y avait été occupé.

Qu'il était alors à la savaterie où étaient ses délices, mais qu'il était prêt à quitter cet emploi comme les autres, ne faisant que se réjouir partout en faisant de petites choses pour l'amour de Dieu.

Que le temps de l'oraison n'était point pour lui différent d'un autre ; qu'il faisait ses retraites quand le Père prieur lui disait de les faire, mais qu'il ne les désirait et ne les demandait pas, son plus grand travail ne le détournant point de Dieu.

Sachant qu'il fallait aimer Dieu en toutes choses et travaillant à s'acquitter de ce devoir, qu'il n'avait pas besoin de directeur, mais bien d'un confesseur pour recevoir l'absolution des fautes qu'il faisait ; qu'il était très sensible à ses fautes, et ne s'en étonnait point, qu'il les avouait à Dieu et ne plaidait point contre lui pour les excuser, mais qu'après, il rentrait en paix dans son exercice ordinaire d'amour et d'adoration.

Que dans ses peines il n'avait consulté personne ; mais qu'avec les lumières de la foi, sachant seulement que Dieu était présent, il se contentait d'agir pour lui, arrive ce qui pourra, et qu'il se voulait bien perdre ainsi pour l'amour de Dieu, dont il s'était bien trouvé.

Que les pensées gâtaient tout ; que le mal commençait par là ; mais qu'il fallait être soigneux de les rejeter aussitôt que nous apercevions qu'elles n'étaient point nécessaire à notre occupation présente ou à notre salut, pour recommencer notre entretien avec Dieu où nous étions bien.

Qu'il avait souvent passé toute son oraison, dans les commencements, à rejeter toutes les pensées et à y retomber.

Qu'il n'avait jamais pu faire l'oraison par règle comme les autres : qu'il avait pourtant au commencement discouru pendant quelque temps, mais qu'après il ne savait comment cela allait, et qu'il lui serait impossible d'en rendre compte.

Qu'il avait demandé à être toujours novice, ne croyant pas qu'on le voulût recevoir à la Profession, et ne pouvant s'imaginer que ses deux années fussent passées.

Qu'il n'était pas assez hardi pour demander à Dieu des pénitences, qu'il ne désirait pas même d'en faire, mais qu'il savait bien qu'il en méritait beaucoup, et que lorsque Dieu lui en envoierait, il lui donnerait la grâce de les faire.

Que toutes les pénitences et autres exercices ne servaient que pour arriver à l'union avec Dieu par amour qu'après y avoir bien pensé, il avait trouvé qu'il était encore plus court d'y aller tout droit par un exercice continuel d'amour, en faisant tout pour l'amour de Dieu.

Qu'il fallait faire grande différence entre les actions de l'entendement et celles de la volonté, que les premières étaient peu de chose, et les autres tout ; qu'il n'y avait qu'à aimer et à se réjouir avec Dieu.

Que quand nous ferions toutes les pénitences possibles, si elles étaient séparées de l'amour, elles ne serviraient pas à effacer un seul péché. Qu'il fallait en attendre la rémission du sang de Jésus-Christ, sans s'inquiéter, en travaillant seulement à l'aimer de tout son cœur : que Dieu semblait choisir ceux qui avaient été les plus grands pécheurs pour leur faire les plus grandes grâces, plutôt qu'à ceux qui étaient demeurés dans l'innocence, parce que cela montrait davantage sa bonté.

Qu'il ne pensait ni à la mort, ni à ses péchés, ni au Paradis, ni à l'Enfer, mais seulement à faire de petites choses pour l'amour de Dieu, n'étant pas capable d'en faire de grandes ; qu'après cela il arriverait de lui tout ce qu'il plairait à Dieu, dont il n'était point en peine.

Que quand on l'écorcherait tout vif, ce ne serait rien en comparaison de ce qu'il avait souffert dans une peine intérieure, ni des grandes joies qu'il avait eues et qu'il avait souvent ; qu'ainsi il ne craignait rien, ne demandant pour toutes choses à Dieu, sinon qu'il ne l'offensât pas.

Il m'a dit qu'il n'avait guère de scrupules, car « quand je reconnais avoir manqué j'en tombe d'accord et dis : c'est mon ordinaire, je ne sais faire que cela ; si je n'ai point manqué, j'en rends grâces à Dieu, et confesse que cela vient de lui.»

IIIe ENTRETIEN

22 *Novembre* 1666

Il m'a dit que le fondement de la vie spirituelle en lui avait été une haute idée et estime de Dieu en foi, laquelle ayant une fois bien conçue, il n'avait eu d'autre soin que de rejeter fidèlement dans le commencement toute autre pensée, pour faire toutes ses actions pour l'amour de Dieu. Qu'étant quelquefois un long temps sans y penser, il ne s'en troublait point, mais après avoir avoué à Dieu sa misère, il revenait avec d'autant plus de confiance à Dieu, qu'il se trouvait misérable de l'oublier ainsi.

Que la confiance que nous avons en Dieu l'honorait beaucoup, et nous attirait de grandes grâces.

Qu'il était impossible, non seulement que Dieu trompât, mais même qu'il laissât longtemps souffrir une âme tout abandonnée à lui, et résolue de tout endurer pour lui.

Qu'il était parvenu à n'avoir plus de pensée que de Dieu, et quand il s'en voulait élever quelqu'autre ou quelque tentation, il les sentait venir, et que l'expérience qu'il avait du prompt secours de Dieu faisait que quelquefois il les laissait avancer, et lorsqu'il était temps, s'adressant à Dieu, elles s'évanouissaient au plus tôt.

Que sur cette même expérience, quand il avait quelque affaire extérieure, il n'y pensait point par avance, mais que dans le temps nécessaire à l'action, il trouvait en Dieu comme dans un clair miroir ce qu'il était nécessaire qu'il fît pour le temps présent. Que depuis quelque temps il avait agi de la sorte sans aucun soin anticipé ; qu'avant cette expérience du prompt secours de Dieu dans ses affaires, il y employait sa prévoyance.

Qu'il n'avait aucune mémoire des choses qu'il faisait et presque point d'advertance lors même qu'il s'y occupait : qu'en sortant de table il ne savait ce qu'il avait mangé ; mais qu'en agissant dans la simplicité de sa vue, il faisait tout pour l'amour de Dieu, lui rendait grâces de ce qu'il avait dirigé ses œuvres, et une infinité d'autres actes ; mais le tout très simplement, d'une manière qui le tenait attaché à la présence amoureuse de Dieu.

Lorsque l'occupation extérieure le divertissait un peu de penser à Dieu, il lui en venait de la part de Dieu quelque souvenir qui investissait son âme, en lui donnant quelque plus forte pensée de Dieu, l'échauffait et l'embrasait quelquefois si fort qu'il criait et avait des mouvements fort violents de chanter et sauter comme un fou.

Qu'il était bien plus uni à Dieu dans ses occupations ordinaires, que quand il les quittait pour faire les exercices de la retraite, d'où il ne sortait pour l'ordi-

naire qu'avec beaucoup de séche-
resse.

Qu'il s'attendait d'avoir dans la suite
quelque grande peine de corps ou d'esprit et que son pis aller était de perdre
Dieu sensiblement qu'il possédait depuis si
longtemps ; mais que la bonté de Dieu
l'assurait qu'il ne le quitterait point absolument et qu'il lui donnerait la force de
supporter le mal qu'il permettrait de lui
arriver qu'avec cela, il ne craignait
rien et n'avait besoin de communiquer de
son âme avec personne. Que quand il
l'avait voulu faire, il en était toujours
sorti plus embarrassé, et qu'en voulant
mourir et se perdre pour l'amour de Dieu,
il n'avait nulle appréhension;que l'abandon
entier à Dieu était la voie sûre et dans
laquelle on avait toujours lumière pour
se conduire.

Qu'il fallait être fidèle à agir et à se
renoncer dans le commencement ; mais
qu'après cela il n'y avait plus que contentements indicibles. Que dans les difficultés, il n'y avait qu'à recourir à Jésus-

Christ, et lui demander sa grâce, avec laquelle tout devenait facile.

Que l'on s'arrêtait aux pénitences et exercices particuliers en laissant l'amour qui est la fin, que cela se reconnaissait bien aux œuvres, et était la cause de ce que l'on voyait si peu de vertu solide.

Qu'il ne fallait ni finesse ni science pour aller à Dieu, mais seulement un cœur résolu de ne s'appliquer qu'à lui ou pour lui, et de n'aimer que lui.

IVe ENTRETIEN

25 *novembre* 1667

Le frère Laurent me parla avec grande ferveur et ouverture de sa manière d'aller à Dieu, dont j'ai déjà remarqué quelque chose.

Il me dit que tout consistait à renoncer une bonne fois à tout ce que nous reconnaissions ne tendre point à Dieu, pour nous accoutumer à une conversation continuelle avec lui, sans mystère ni finesse. Qu il n'y avait qu'à reconnaître Dieu intimement présent en nous, à nous adresser à tous moments à lui, pour lui demander son secours, pour connaître sa volonté dans les choses douteuses et pour bien faire celles que nous voyons clairement qu'il demande de nous, les lui offrant avant que de les faire et lui rendant grâces de les avoir faites pour lui après l'action.

Que dans cette conversation continuelle, on était occupé à louer, adorer et aimer sans cesse Dieu pour ses infinies bontés et perfections.

Que nous devons en toute confiance lui demander sa grâce sans regarder nos pensées, appuyés sur les mérites infinis de notre Seigneur ; que Dieu, à chaque action, ne manquait pas de nous présenter sa grâce, qu'il s'en apercevait sensiblement, et qu'il ne manquait que lorsqu'il était distrait de la compagnie de Dieu, ou qu'il avait oublié de lui demander son secours.

Que dans les doutes, Dieu ne manquait

jamais de donner lumière quand on n'avait point d'autre dessein que de lui plaire et d'agir pour son amour.

Que notre sanctification dépendait non du changement de nos œuvres, mais de faire pour Dieu ce que nous faisions ordinairement pour nous-mêmes. Que c'était pitié de voir combien de personnes s'attachaient à de certaines œuvres qu'elles ne faisaient que fort imparfaitement pour plusieurs respects humains, en prenant toujours les moyens pour la fin.

Qu'il ne trouvait point de plus excellent moyen pour aller à Dieu que les œuvres ordinaires qui lui étaient prescrites par l'obéissance, en les purifiant autant qu'il pouvait de tout respect humain, et en les faisant pour le pur amour de Dieu.

Que c'était grandement se tromper de croire que le temps de l'oraison dût être différent de l'autre, que nous étions aussi étroitement obligés d'être unis à Dieu par l'action dans le temps de l'action, que par l'oraison dans son temps.

Que son oraison n'était plus que présence de Dieu, son âme y étant endormie à toute autre chose qu'à l'amour ; mais que hors de ce temps il ne trouvait guère de différence, se tenant toujours près de Dieu à le louer et bénir de toutes ses forces, passant sa vie dans une continuelle joie, espérant pourtant que Dieu lui donnerait quelque chose à souffrir lorsqu'il serait plus fort.

Qu'il se fallait une fois bien fier à Dieu et s'abandonner à lui seul, qu'il ne nous tromperait pas.

Qu'il ne se fallait point lasser de faire de petites choses pour l'amour de Dieu, qui regarde non la grandeur de l'œuvre, mais l'amour ; qu'il ne fallait pas s'étonner d'y manquer souvent dans le commencement, qu'à la fin l'habitude venait, qui nous faisait produire nos actes sans y penser et avec un plaisir admirable.

Qu'il n'y avait que la foi, l'espérance et la charité à cultiver, pour s'attacher uniquement à la volonté de Dieu, que tout le reste était indifférent, et qu'il ne fallait s'y arrêter que comme sur un pont

en passant bien vite, pour s'aller perdre
dans la fin unique par confiance et amour.

Que toutes choses sont possibles à celui
qui croit, encore plus à celui qui espère,
encore plus à celui qui aime, encore plus
à celui qui pratique et persévère en ces
trois vertus.

Que la fin que nous devons nous proposer est d'être, dès cette vie, les plus parfaits adorateurs de Dieu qu'il nous sera
possible, comme nous espérions être pendant toute la durée de l'éternité.

Que quand nous entreprenons la vie spirituelle, il faut considérer à fond qui nous
sommes, et alors nous nous trouverons
dignes de tout mépris, indignes du nom
de Chrétien, sujets à toutes sortes de
misères et à une infinité d'accidents qui
nous troublent, et qui nous rendent inégaux dans notre santé, dans nos humeurs,
dans nos dispositions intérieures et extérieures, enfin des personnes que Dieu veut
humilier par une infinité de peines et
travaux, tant au dedans qu'au dehors.

Après cela faut-il s'étonner s'il nous

arrive des peines, des tentations, des op-
positions et contradictions de la part du
prochain ? Ne devons-nous pas au contraire nous y soumettre et les porter autant de temps qu'il plaira à Dieu, comme
à des choses qui nous sont avantageuses ?

Qu'une âme est d'autant plus dépendante de la grâce qu'elle aspire à une
plus haute perfection.

Maximes Spirituelles

MAXIMES SPIRITUELLES

Toutes choses sont possibles à celui qui croit, encore plus à celui qui espère, encore plus à celui qui aime, et encore plus à celui qui pratique et persévère en ces trois vertus ; tous ceux qui sont baptisés, croyant comme il faut, ont fait le premier pas dans le chemin de la perfection, et seront parfaits aussi longtemps qu'ils persévéreront en la pratique des maximes suivantes.

1. Regarder toujours Dieu et sa gloire en tout ce que nous faisons, ce que nous disons et entreprenons ; que la fin que nous prétendons soit d'être les plus par-

faits adorateurs de Dieu en cette vie, comme nous espérons l'être pendant toute la durée de l'éternité ; prendre une ferme résolution de surmonter avec la grâce de Dieu, toutes les difficultés qui se rencontrent en la vie spirituelle.

2. Quand nous entreprenons la vie spirituelle, il faut considérer à fond qui nous sommes, et nous nous trouverons dignes de tout mépris, indignes du nom de Chrétien, sujets à toutes sortes de misères, et à une infinité d'accidents qui nous troublent et qui nous rendent inégaux dans notre santé, dans nos humeurs, dans notre disposition intérieure et extérieure, enfin des personnes que Dieu veut humilier par une infinité de peines et de travaux, tant au dedans qu'au dehors.

3. Il faut croire sans doute qu'il nous est avantageux, qu'il est agréable à Dieu de nous sacrifier à lui, qu'il est ordinaire à sa divine Providence de nous abandonner à toutes sortes d'états, à souffrir toutes sortes de peines, de misères, et de

tentations pour l'amour de Dieu, autant de temps qu'il lui plaira, puisque sans cette soumission de cœur et d'esprit à la volonté de Dieu, la dévotion et la perfection ne peuvent subsister.

4. Une âme est d'autant plus dépendante de la grâce qu'elle aspire à une plus haute perfection, et le secours de Dieu lui est d'autant plus nécessaire à chaque moment, que sans lui elle ne peut rien, le monde, la nature, et le diable lui font de concert une guerre si forte et si continuelle, que sans ce secours actuel, et cette humble et nécessaire dépendance, ils l'entraîneraient malgré elle ; cela paraît dur à la nature, mais la grâce s'y plaît et s'y repose,

Pratiques nécessaires pour acquérir la vie spirituelle.

1. La pratique la plus sainte, la plus commune, et la plus nécessaire en la vie spirituelle, est la présence de Dieu, c'est de se plaire et s'accoutumer en sa

divine compagnie, parlant humblement, et s'entretenant amoureusement avec lui en tout temps, à tous moments, sans règle ni mesure, surtout dans le temps des tentations, des peines, des aridités, des dégoûts, et même des infidélités, et des péchés.

2. Il faut s'appliquer continuellement, à ce qu'indifféremment toutes nos actions soient une manière de petits entretiens avec Dieu, pourtant sans étude, mais comme ils viennent, de la pureté et simplicité du cœur.

3. Il faut faire toutes nos actions avec poids et mesure, sans impétuosité, ni précipitation qui marquent un esprit égaré ; il faut travailler doucement, tranquillement et amoureusement avec Dieu, le prier d'agréer notre travail, et par cette attention continuelle à Dieu nous briserons la tête du démon, et lui ferons tomber les armes des mains.

4. Nous devons pendant notre travail et autres actions, même pendant nos lectures et écritures quoique spirituelles,

je dis plus pendant nos dévotions extérieures et prières vocales, cesser quelque
petit moment, le plus souvent même que
nous pourrons, pour adorer Dieu au fond
de notre cœur, le goûter quoiqu'en passant et comme à la dérobée. Puisque
vous n'ignorez pas que Dieu est présent
devant vous pendant vos actions, qu'il
est au fond et au centre de votre âme,
pourquoi donc ne pas cesser au moins
de temps en temps vos occupations extérieures, et même vos prières vocales,
pour l'adorer intérieurement, le louer,
lui demander, lui offrir votre cœur, et
le remercier ?

Que peut-il y avoir de plus agréable
à Dieu, que de quitter ainsi mille et mille
fois le jour toutes les créatures pour se
retirer et l'adorer en son intérieur, outre
que c'est détruire l'amour profane qui
ne peut subsister que parmi les créatures,
dont ces retours intérieurs à Dieu nous
débarrassent insensiblement ?

Enfin nous ne pouvons pas rendre de
plus grands témoignages à Dieu de notre

fidélité, qu'en renonçant et méprisant mille et mille fois la créature pour jouir un seul moment du Créateur.

Je ne prétends pas là vous obliger de quitter pour toujours l'extérieur, cela ne se peut ; mais la prudence qui est la mère des vertus doit vous servir de règle: je dis pourtant que c'est une erreur ordinaire parmi les personnes spirituelles, de ne pas quitter de temps en temps l'extérieur pour adorer Dieu au dedans d'eux-mêmes et pour jouir en paix quelques petits moments de sa divine présence. La digression a été longue, j'ai cru que la matière demandait toute cette explication. Revenons à nos pratiques.

5. Toutes ces adorations se doivent faire par la foi, croyant que véritablement Dieu est en nos cœurs, qu'il le faut adorer, aimer, et servir en esprit et en vérité, qu'il voit tout ce qui se passe, et peut se passer en nous, et en toutes les créatures, qu'il est indépendant de tout, et celui de qui toutes les créatures dépendent ; infini en toutes sortes de perfections, qui mérite

par son excellence infinie et son souverain
domaine tout ce que nous sommes, et tout
ce qui est au ciel et en la terre, dont il
peut disposer à son bon plaisir dans le
temps et dans l'éternité ; nous lui devons
par justice nos pensées, nos paroles et
nos actions. Voyons si nous le faisons.

6. Il faut examiner soigneusement
quelles sont les vertus qui nous sont les
plus nécessaires, celles qui sont les plus
difficiles à acquérir, les péchés où nous
tombons souvent, et les occasions plus
fréquentes et inévitables de nos chutes ;
nous devons recourir à Dieu avec une
entière confiance dans l'occasion du combat, demeurer ferme en la présence de sa
divine Majesté, l'adorer humblement, lui
représenter nos misères, et nos faiblesses
lui demander amoureusement les secours
de sa grâce, et nous trouverons par là
en lui toutes les vertus sans en avoir aucune.

*Comment il faut adorer Dieu en esprit
et en vérité.*

Il y a trois choses en cette question auxquelles il faut répondre. Je dis, 1. qu'adorer Dieu en esprit et en vérité, cela veut dire adorer Dieu comme nous le devons adorer ; Dieu est esprit, donc il faut l'adorer en esprit et en vérité. C'est-à-dire par une humble et véritable adoration d'esprit dans le fond et centre de notre âme il n'y a que Dieu qui puisse voir cette adoration, que nous pouvons réitérer si souvent qu'à la fin elle nous deviendra comme naturelle, et comme si Dieu était un avec notre âme et que notre âme fut une avec Dieu la pratique le fait voir.

2. Adorer Dieu en vérité, c'est le reconnaître pour ce qu'il est, et nous reconnaître pour ce que nous sommes ; adorer Dieu en vérité, ce'st reconnaître véritablement, actuellement et en esprit que Dieu est ce qu'il est, c'est-à-dire infiniment parfait, infiniment éloigné du mal,

et ainsi rempli de tous les attributs divins ;
qui sera l'homme, pour peu de raison qu'il
ait, qui n'employera pas toutes ses forces à
rendre tous ses respects et ses adorations à ce grand Dieu ?

3. Adorer Dieu en vérité, c'est encore
avouer que nous lui sommes entièrement
contraires, et qu'il veut bien nous rendre
semblables à lui si nous le voulons ; qui
sera assez imprudent pour se détourner,
même un moment, du respect, de l'amour,
du service, et des adorations continuelles
que nous lui devons ?

De l'union de l'âme avec Dieu.

Il y a trois sortes d'unions, la première
habituelle, la seconde virtuelle, et la
troisième actuelle.

1. L'union habituelle est quand on
est uni à Dieu seulement par grâce.

2. L'union virtuelle est lorsque commençant une action par laquelle on s'est
uni à Dieu, on lui demeure uni par la

vertu de cette action tout le temps qu'elle dure.

3. L'union actuelle est la plus parfaite, et, toute spirituelle qu'elle soit, elle fait sentir son mouvement parce que l'âme n'est pas endormie comme aux autres unions, mais elle se trouve excitée puissamment, et son opération est plus vive que celle du feu, et plus lumineuse qu'un soleil qui n'est obscurci par la nue. On peut néanmoins être trompé dans ce sentiment qui n'est pas une simple expression du cœur, comme de dire : mon Dieu je vous aime de tout mon cœur, ou d'autres paroles semblables, mais c'est un je ne sais quoi de l'âme, doux, paisible, spirituel, respectueux, humble, amoureux, et très simple qui la porte et, la presse à aimer Dieu, l'adorer, l'embrasser même avec des tendresses qu'on ne peut exprimer, et que la seule expérience nous peut faire concevoir.

4. Tous ceux qui prétendent à l'union divine, doivent savoir que tout ce qui peut réjouir la volonté lui est en effet

agréable et délicieux, ou qu'elle le tient tel.

Il faut que tout le monde avoue que Dieu est incompréhensible, et que pour s'unir à lui, il faut priver la volonté de toute sorte de goûts et de plaisirs spirituels et corporels, afin qu'étant ainsi dégagée, elle puisse aimer Dieu sur toutes choses ; car si la volonté peut en quelque façon comprendre Dieu, ce ne peut être que par l'amour. Il y a bien de la différence entre les goûts et les sentiments de la volonté et entre les opérations de la même volonté, puisque les goûts et sentiments de la volonté sont en l'âme comme en leur terme, et son opération qui est proprement l'amour se termine à Dieu comme à sa fin..

De la présence de Dieu.

1. La présence de Dieu est une application de notre esprit à Dieu, ou un souvenir de Dieu présent qui se peut faire,

ou par l'imagination ou par l'entendement.

2. Je connais une personne qui depuis
quarante ans pratique une présence de
Dieu intellectuelle, à qui il donne plusieurs autres noms ; tantôt il l'appelle
acte simple, ou connaissance claire et
distincte de Dieu, quelquefois une con-
fuse ou regard général et amoureux
en Dieu, souvenir de Dieu ; d'autres
fois, il la nomme attention à Dieu, entretien muet avec Dieu, confiance en Dieu,
la vie et paix de l'âme, enfin cette personne m'a dit que toutes ces manières
de présence de Dieu ne sont que des sy-
nonymes qui ne signifient qu'une même
chose, et qu'elle lui est présentement
comme naturelle, voici comment :

3. Elle dit qu'à force d'actes, et en
rappelant souvent son esprit en la présence de Dieu, l'habitude s'en est formée
de telle manière, qu'aussitôt qu'il est
libre de ses occupations extérieures, et
même souvent lorsqu'il y est le plus engagé, la pointe de son esprit, ou la su-

prême partie de son âme s'élève sans aucune diligence de sa part, et demeure comme suspendue et présentement arrêtée en Dieu, par dessus toutes choses, comme en son centre et en son lieu de repos, sentant presque toujours son esprit en cette suspension accompagnée de la foi, cela lui suffit ; et c'est ce qu'elle appelle présence de Dieu actuelle, qui comprend toutes les autres sortes de présence et beaucoup d'avantages, de sorte qu'elle vit maintenant comme s'il n'y avait plus que Dieu et elle au monde, elle s'entretient partout avec Dieu, elle lui demande ce dont elle a besoin, et se réjouit sans cesse en mille et mille façons avec lui.

5. Il est cependant à propos de savoir que cette conversation avec Dieu se fait au fond et au centre de l'âme ; c'est là que l'âme parle à Dieu cœur à cœur, et toujours dans une grande et profonde paix dont l'âme jouit en Dieu, tout ce qui se passe au dehors n'est à l'âme que comme un feu de paille qui s'éteint à

mesure qu'il s'allume, et il n'arrive quasi jamais ou fort peu à troubler sa paix intérieure.

6. Pour revenir à notre présence de Dieu, je dis que en regard de Dieu dont l'amoureux ? allume insensiblement un feu divin en l'âme qui l'embrase si ardemment de l'amour de Dieu, qu'on est obligé de faire plusieurs choses à l'extérieur pour le modérer.

7. L'on serait même surpris si l'on savait ce que l'âme dit quelquefois à Dieu, qui semble se plaire si fort dans ces entretiens, qu'il lui permet tout, pourvu qu'elle veuille toujours demeurer avec lui, et en son fond, et comme s'il craignait qu'elle ne retournât à la créature il prend soin de lui fournir tout ce qu'elle peut désirer, si bien qu'elle trouve au dedans de soi une viande très savoureuse et très délicieuse à son goût, quoiqu'elle ne l'aie jamais désirée ni procurée en aucune manière, et sans même y avoir contribué de sa part que le seul contentement.

8. La présence de Dieu est donc la vie et la nourriture de l'âme qui se peut acquérir avec la grâce du Seigneur, en voici les moyens :

Moyens pour acquérir la présence de Dieu.

1. Le premier moyen est une grande pureté de vie.

2. Le second, une grande fidélité à la pratique de cette présence, et au regard intérieur de Dieu en soi qui se doit toujours faire doucement, humblement, et amoureusement sans se laisser aller à aucun trouble ou inquiétude.

3. Il faut prendre un soin particulier que ce regard intérieur quoique d'un moment précède vos actions extérieures, que de temps en temps il les accompagne et que vous les finissiez toutes par là. Comme il faut du temps et beaucoup de travail pour acquérir cette pratique, aussi ne faut-il pas se décourager lorsqu'on y manque, puisque l'habitude

ne se forme qu'avec peine, mais lorsqu'elle sera formée, tout se fera avec plaisir.

N'est-il pas juste que le cœur qui est le premier vivant, et qui domine sur les autres membres du corps, soit le premier et le dernier pour aimer et adorer Dieu, soit en commençant ou en finissant nos actions spirituelles et corporelles, et généralement en tous les exercices de la vie, et c'est par cet endroit que nous devons avoir soin de produire ce petit regard intérieur, ce qu'il faut faire comme j'ai déjà dit sans peine et sans étude pour le rendre plus facile.

4. Il ne sera pas hors de propos pour ceux qui commencent cette pratique, de former intérieurement quelque peu de paroles, comme : mon Dieu je suis tout à vous ; Dieu d'amour, je vous aime de tout mon cœur ; Seigneur, faites-moi selon votre cœur ; ou quelques autres paroles que l'amour produit sur le champ. Mais ils doivent prendre garde que leur esprit ne s'égare, qu'il ne retourne à la créature, et ils doivent le tenir attaché

à Dieu seul, afin que se voyant ainsi pressé et forcé par sa volonté, il soit enfin obligé de demeurer avec Dieu.

5. Cette présence de Dieu, un peu pénible dans les commencements, pratiquée avec fidélité opère secrètement en l'âme des effets merveilleux, y attire en abondance les grâces du Seigneur, et la conduit insensiblement à ce simple regard, à cette vue amoureuse de Dieu présent partout, qui est la plus sainte, la plus solide, la plus facile, et la plus efficace manière d'oraison.

6. Remarquez s'il vous plaît que pour arriver à cet état, on suppose la mortification des sens, puisqu'il est impossible qu'une âme qui a encore quelque complaisance en la créature, puisse jouir entièrement de cette divine présence, car pour être avec Dieu, il faut absolument quitter la créature.

Les utilités de la présence de Dieu.

La première utilité que l'âme reçoit de la présence de Dieu, c'est que la foi en est plus vive et plus agissante en toutes les occasions de notre vie, particulièrement en nos besoins, puisqu'elle nous obtient facilement des grâces dans nos tentations,et dans le commerce inévitable que nous avons avec les créatures, car l'âme accoutumée par cet exercice à la pratique de la foi, par un simple souvenir voit et sent Dieu présent, elle l'invoque facilement, efficacement, et obtient ce dont elle a besoin. L'on peut dire qu'elle a en ceci quelque chose approchant de l'état des Bienheureux, plus elle avance, plus sa foi devient vive, et enfin elle devient si pénétrante, que l'on pourrait quasi dire : je ne crois plus, mais je vois, et j'expérimente.

2. La pratique de la présence de Dieu nous fortifie dans l'espérance, notre espérance croît à proportion de nos connaissances, à mesure que notre foi pénètre par ce saint exercice dans les secrets de la divinité, à mesure qu'elle découvre en Dieu une beauté qui surpasse infiniment non seulement celle des corps que nous

voyons sur la terre, mais celle des âmes les plus parfaites, et celle des anges ; notre espérance croît et se fortifie, et la grandeur de ce bien dont elle prétend jouir, et qu'elle goûte en quelque manière, la rassure et la soutient.

3. Elle inspire à la volonté un mépris des créatures, et elle l'embrase du feu de l'amour sacré, parce qu'étant toujours avec Dieu qui est un feu consumant, il réduit en poudre ce qui lui peut être opposé, et cette âme ainsi embrasée ne peut plus vivre qu'en la présence de son Dieu, présence qui produit dans son cœur une sainte ardeur, un empressement sacré et un désir violent de voir ce Dieu aimé, connu, servi et adoré de toutes les créatures.

4. Par la présence de Dieu et par ce regard intérieur l'âme se familiarise avec Dieu de telle manière, qu'elle passe presque toute sa vie en des actes continuels d'amour, d'adoration, de contrition, de confiance, d'actions de grâces, d'offrandes, de demande, et de toutes les plus excel-

lentes vertus ; et quelquefois même elle ne devient plus qu'un seul acte qui ne se passe plus parce que l'âme est toujours dans l'exercice continuel de cette divine présence.

Je sais que l'on trouve peu de personnes qui arrivent à ce degré, c'est une grâce dont Dieu favorise seulement quelques âmes choisies, puisqu'enfin ce simple regard est un don de sa main libérale ; mais je dirai pour la consolation de ceux qui veulent embrasser cette sainte pratique, qu'il la donne ordinairement aux âmes qui s'y disposent et s'il ne la donne pas, on peut du moins avec le secours de ses grâces ordinaires, acquérir par la pratique de la présence de Dieu une manière et un état d'oraison qui approche beaucoup de ce simple regard.

Lettres

LETTRES DU FRÈRE LAURENT
DE LA RÉSURRECTION
ÉCRITES A QUELQUES PERSONNES RELIGIEUSES ET DE PIÉTÉ

Première Lettre

A la Révérende Mère N...

Ma Révérende Mère,

Je me suis servi de l'occasion de N... pour vous faire part des sentiments d'un de nos Religieux sur les effets admirables et les secours continuels qu'il reçoit de la présence de Dieu ; profitons-en l'un et l'autre.

Vous saurez que son principal soin

depuis plus de quarante ans qu'il est en Religion, a été d'être toujours avec Dieu, et de ne rien faire, de ne rien dire, et de ne rien penser qui lui puisse déplaire, sans aucune autre vue que celle de son pur amour, et parce qu'il en mérite infiniment davantage.

Il est à présent si habitué à cette divine présence, qu'il en reçoit des secours continuels en toute sorte d'occasions ; il y a environ trente ans que son âme jouit des joies intérieures si continuelles et quelquefois si grandes que pour les modérer et les empêcher de paraître au dehors, il est contraint de faire à l'extérieur des puérilités qui sentent plus la folie que la dévotion.

Si quelquefois il est un peu trop absent de cette divine présence, Dieu le fait sentir aussitôt dans son âme pour le rappeler, ce qui lui arrive souvent lorsqu'il est plus engagé dans ses occupations extérieures, il répond avec une exacte fidélité à ces attraits intérieurs, ou par une élévation de son cœur vers Dieu, ou par un regard doux et amoureux, ou par quelques paroles que l'amour forme en ces rencontres, par exemple : mon Dieu me voici tout à vous ; Seigneur, faites-moi selon votre cœur ; et pour lors il lui semble, comme en effet il sent ce que Dieu d'amour se contentant de ce peu de paroles, se rendort et se repose au fond et centre de son âme ; l'expérience de ces choses le rend si certain que Dieu est toujours en ce fond de son âme, qu'il n'en peut former aucun doute, quoiqu'il fasse, et qu'il lui arrive.

Jugez de là, ma Révérende Mère, quel est le contentement et la satisfaction dont il jouit, sentant en lui continuellement un si grand trésor, il n'est plus dans l'inquiétude de le trouver, il n'est plus en peine de le chercher, il lui est entièrement découvert, et libre d'y prendre ce qu'il lui plaît.

Il se plaint souvent de notre aveuglement et il s'écrie sans cesse que nous sommes dignes de compassion de nous contenter de si peu ; Dieu, dit-il, a des trésors infinis à nous donner, et une petite dévotion sensible, qui passe en un moment nous satisfait ; que nous sommes aveugles, puisque par là nous lions les mains à Dieu, et nous arrêtons l'abondance de ses grâces ; mais lorsqu'il trouve une âme pénétrée d'une foi vive, il lui verse des grâces en abondance. C'est un torrent arrêté par force contre son cours ordinaire, qui ayant trouvé une issue, se répand avec impétuosité et avec abondance.

Oui, souvent, nous l'arrêtons ce torrent par le peu d'estime que nous en faisons. Ne l'arrêtons plus, ma Chère Mère, rentrons en nous-mêmes, rompons cette digue, faisons jour à la grâce, réparons le temps perdu, il nous en reste peut-être peu à vivre, la mort nous suit de près, donnons-nous en de garde, on ne meurt qu'une fois.

Encore une fois rentrons en nous-mêmes le temps presse, il n'y a plus de remise, chacun y est pour soi, je crois que vous avez pris vos mesures si justes, que vous ne serez pas surprise, je vous en loue, car c'est notre affaire ; il faut cependant toujours travailler, puisqu'en la vie de l'esprit, ne pas avancer est reculer, mais ceux qui ont le vent du Saint-Esprit voguent même en dormant, si la nacelle de notre âme est encore battue des vents ou de la tempête, éveillons le Seigneur qui y repose, il calmera bientôt la mer.

J'ai pris la liberté, ma très chère Mère, de vous faire part de ces bons sentiments, pour les confronter avec les vôtres, il serviront à les rallumer et à les embraser, si par malheur (ce que Dieu ne veuille, car ce serait un grand mal), ils refroidissaient tant soit peu ; rappelons donc vous et moi nos premières ferveurs, profitons de l'exemple et des sentiments de ce Religieux peu connu du monde, mais connu de Dieu et extrêmement caressé de lui, je le demanderai pour vous, demandez-le très instamment pour celui qui est en Notre-Seigneur,

Ma Révérende Mère,

Votre etc...

Seconde Lettre

A la Révérende Mère N...

Ma Révérende et très honorée Mère,

J'ai reçu aujourd'hui deux livres, et une lettre de la Sœur N... qui se dispose à sa Profession, et demande pour cela les prières de votre sainte Communauté, et les vôtres en particulier, elle me marque y avoir une très grande et singulière confiance, ne l'en frustrez pas, demandez à Dieu qu'elle fasse son sacrifice dans la seule vue de son amour, et avec une ferme résolution d'être tout à lui ; je vous enverrai un de ces Livres qui traitent de la présence de Dieu, c'est, à mon sentiment, en quoi consiste toute la vie spirituelle, et il me semble qu'en la pratiquant, comme il faut, on devient spirituel en peu de temps.

Je sais que pour cela il faut que le cœur soit vide de toutes autres choses, Dieu le voulant posséder seul ; et comme il ne peut le posséder seul, sans le vide de tout ce qui n'est point lui, aussi ne peut-il y agir ni y faire ce qu'il voudrait.

Il n'y a pas au monde de manière de vie plus douce ni plus délicieuse que la conversation continuelle avec Dieu, ceux-là seuls peuvent comprendre qui la pratiquent et qui la goûtent ; je ne vous conseille pas pourtant de le faire par ce motif, ce ne sont pas les consolations que nous devons chercher en cette pratique, mais faisons-le par un principe d'amour et parce que Dieu le veut.

Si j'étais prédicateur, je ne prêcherais autre chose que la pratique de la présence de Dieu, et si j'étais Directeur, je la conseillerais à tout le monde, tant je la croyais nécessaire et même facile.

Ah, si nous savions la nécessité que nous avons des grâces et des secours de Dieu, nous ne le perdrions jamais de vue, pas même pour un moment. Croyez-moi, faites dès à présent une sainte et ferme résolution de ne vous en éloigner jamais volontairement, et de vivre le reste de vos jours en cette sainte présence, privé pour son amour, s'il le juge à propos, des consolations du ciel et de la terre. Mettez la main à l'œuvre, si vous le faites comme il faut, assurez-vous que vous verrez bientôt les effets, je vous y aiderai par mes prières toutes pauvres qu'elles soient, je me recommande très instamment aux vôtres et à celles de votre sainte Communauté, étant à toutes, et à vous plus en particulier,

Votre etc...

Troisième Lettre

(A la même.)

Ma Révérende et très honorée Mère,

J'ai reçu de Mademoiselle de N... les chapelets que vous lui avez mis entre les mains. Je m'étonne que vous ne me mandiez pas votre sentiment sur le livre que je vous ai envoyé, et que vous devez avoir reçu ; pratiquez-le fortement sur vos vieux jours, il vaut mieux tard que jamais.

Je ne peux comprendre comment les personnes religieuses peuvent vivre contentes sans la pratique de la présence de Dieu, pour moi je me tiens retiré avec lui au fond et au centre de mon âme autant que je peux, et lorsque je suis ainsi avec lui, je ne crains rien ; mais le moindre détour m'est un enfer.

Cet exercice ne tue pas le corps, il est cependant à propos de le priver de temps en temps, et même souvent de plusieurs petites consolations innocentes et licites ; car Dieu ne souffre pas qu'une âme qui veut être entièrement à lui, prenne d'autres consolations qu'avec lui ; cela est plus que raisonnable.

Je ne dis pas que pour cela il faille se gêner beaucoup ; non, il faut servir Dieu dans une sainte liberté ; il faut travailler fidèlement, sans trouble ni inquiétude, rappelant doucement et tranquillement notre esprit à Dieu, autant de fois que nous l'en trouvons distrait.

Il est pourtant nécessaire de mettre toute sa confiance en Dieu, de se défaire de tous autres soins, même de quantité de dévotions particulières quoique très bonnes, mais dont on se charge souvent mal à propos, puisqu'enfin ces dévotions ne sont que des moyens pour arriver à la fin, ainsi lorsque par cet exercice de la présence de Dieu, nous sommes avec celui qui est notre fin, il nous est inutile de retourner aux moyens, mais nous pouvons continuer avec lui notre commerce d'amour, demeurant en sa sainte présence, tantôt par un acte d'adoration, de louange, de désir, tantôt par un acte d'offrande, d'action de grâces, et en toutes les manières que notre esprit pourra inventer.

Ne vous découragez pas pour la répugnance que vous y sentirez du côté de la nature, il faut vous faire violence ; souvent dans les commencements on croit que c'est temps perdu, mais il faut continuer et se résoudre d'y persévérer jusqu'à la mort et malgré toutes les difficultés. Je me recommande aux prières de la sainte Communauté, aux vôtres en particulier, et je suis en Notre-Seigneur,

      Votre etc...

De Paris, le 3 novembre 1685.

IVe *Lettre*

A Madame N...

Madame,

Je vous plains beaucoup, si vous pouvez laisser le soin de vos affaires à Monsieur et à Madame N... et ne vous plus occuper qu'à prier Dieu, vous feriez un coup d'état. Il ne nous demande pas grand'chose, un petit souvenir de temps en temps, une petite adoration, tantôt lui demander sa grâce, quelquefois lui offrir vos peines, d'autres fois le remercier des grâces qu'il vous a faites, et qu'il vous fait au milieu de vos travaux vous consoler avec lui, le plus souvent même que vous pourrez ; pendant vos repas et vos entretiens élevez quelquefois vers lui votre cœur, le moindre petit souvenir lui sera toujours fort agréable, il ne faut pas pour cela crier bien haut, il est plus près de nous que nous ne pensons.

Il n'est pas nécessaire d'être toujours à l'église pour être avec Dieu, nous pouvons faire de notre cœur un oratoire dans lequel nous nous retirons de temps en temps pour nous y entretenir avec lui doucement, humblement et amoureusement ; tout le monde est capable de ces entretiens familiers avec Dieu, les uns plus, les autres moins, il sait ce que nous pouvons ; commençons, peut-être n'attend-il de nous qu'une généreuse résolution ; courage, il nous reste peu de temps à vivre, vous avez près de soixantre-quatre ans ; et moi j'approche de quatre-vingts, vivons et mourons avec Dieu, les peines nous seront toujours douces et agréables quand nous serons avec lui, et les plus grands plaisirs nous seront sans lui un cruel supplice. Il soit béni de tout. *Amen*.

Accoutumez-vous donc peu à peu à l'adorer de la sorte, à lui demander sa grâce, à lui offrir votre cœur de temps en temps, pendant la journée, parmi vos ouvrages à tout moment, si vous le pouvez, ne vous contraignez pas par des règles ou des dévotions particulières, faites-le en foi, avec amour, et avec humilité, vous pouvez assurer Monsieur et Madame de N..., et mademoiselle N... de mes pauvres prières, et que je suis leur serviteur, et en particulier le vôtre, en Notre-Seigneur.

Frère etc.

Ve *Lettre*

Au Révérend Père N...

Mon Révérend Père.

Ne trouvant pas ma manière de vie dans les livres, quoi que je n'en sois aucunement en peine, cependant pour plus grande assurance je serais bien aise de savoir votre sentiment sur l'état où je me trouve.

Il y a quelques jours que dans une conférence particulière avec une personne de piété, elle me dit que la vie spirituelle était une vie de grâce, qui commence par la crainte servile, qui s'augmente par l'espérance de la vie éternelle, et qui se consomme par l'amour pur, que les uns et les autres ont de différents degrés par où l'on arrive enfin à cette heureuse consommation.

Je n'ai point suivi toutes ces méthodes au contraire, je ne sais par quel attrait, elles me firent peur d'abord, ce qui fut cause qu'à mon entrée en Religion, je pris la résolution de me donner tout à Dieu en satisfaction de mes péchés, et de renoncer pour son amour à tout ce qui n'était point lui.

Pendant les premières années, je m'occupais dans mes oraisons ordinairement des pensées de la mort, du jugement, de l'enfer, du paradis, et de mes péchés. J'ai continué de la sorte pendant quelques années, m'appliquant soigneusement le reste du jour et même pendant mon travail à la présence de Dieu, que je considérais toujours auprès de moi, souvent même dans le fond de mon cœur, ce qui me donna une si haute estime de Dieu, que la foi seule était capable de me satisfaire sur ce point.

Je fis insensiblement la même chose pendant mes oraisons, ce qui me causait de grandes douceurs et de grandes consolations ; voilà par où j'ai commencé : je vous dirai pourtant que durant les dix premières années, j'ai beaucoup souffert, l'appréhension que j'avais de n'être pas à Dieu, comme je l'eusse souhaité, mes péchés passés toujours présents à mes yeux, et les grandes grâces que Dieu me faisait étaient la matière et la source de tous mes maux, durant tout ce temps je tombais souvent, et je me relevais aussitôt, il me semblait que les créatures, la raison, et Dieu même fussent contre moi, et que la foi seule fût pour moi. J'étais quelquefois troublé des pensées que c'était un effet de ma présomption, que je prétendais être tout d'un coup où les autres n'arrivent qu'avec peine, d'autres fois que c'était me damner à plaisir, qu'il n'y avait point de salut pour moi.

Lorsque je ne pensais plus qu'à finir mes jours dans ces troubles et ces inquiétudes (qui n'ont rien diminué de la confiance que j'avais en Dieu et qui n'ont servi qu'à augmenter ma foi) je me trouvai tout d'un coup changé, et mon âme qui jusqu'alors était toujours en trouble se sentit dans une profonde paix intérieure, comme si elle était en son centre, et en un lieu de repos.

Depuis ce temps-là je travaille devant Dieu simplement en foi, avec humilité, et avec amour et je m'applique soigneusement à ne rien faire, à ne rien dire et à ne rien penser qui lui puisse déplaire. J'espère que lorsque j'aurai fait ce que j'aurai pu, il fera de moi ce qu'il lui plaira.

Pour vous dire à présent ce qui se passe en moi je ne le puis exprimer, je ne sens aucune peine, ni aucun doute sur mon état, comme je n'ai pas d'autre volonté que celle de Dieu que je tâche d'accomplir en toutes choses, et à laquelle je suis si soumis que je ne voudrais pas lever une paille de terre contre son ordre, ni par un autre motif que son pur amour.

J'ai quitté toutes mes dévotions, et prières qui ne sont pas d'obligations, et je ne m'occupe qu'à me tenir toujours en sa sainte présence, en laquelle je me tiens par une simple attention et un regard général et amoureux en Dieu, que je pourrais nommer présence de Dieu actuelle, ou pour mieux dire un entretien muet et secret de l'âme avec Dieu qui ne passe quasi plus, ce qui me cause quelquefois des contentements et des joies intérieures, et souvent même extérieures, si grandes, que pour les modérer, et empêcher qu'elles ne paraissent au dehors, je suis contraint de faire à l'extérieur plusieurs puérilités, qui sentent plus la folie que la dévotion.

Enfin, mon Révérend Père, je ne peux nullement douter que mon âme ne soit avec Dieu depuis plus de trente ans ; je passe beaucoup de choses pour ne pas vous ennuyer, je crois cependant qu'il est à propos de vous marquer de quelle manière je me considère devant Dieu que j'envisage comme mon Roi.

Je me regarde comme le plus misérable de tous les hommes, déchiré de plaies, rempli de puanteurs, et qui a commis toutes sortes de crimes contre son Roi, touché d'un sensible regret, je lui déclare toutes mes malices, je lui en demande pardon, je m'abandonne entre ses mains pour faire de moi ce qu'il lui plaira, ce Roi plein de bonté et de miséricorde, bien loin de me châtier, m'embrasse amoureusement, me fait manger à sa table, me sert de ses propres mains, me donne les clefs de ses trésors, et me traite en tout comme son favori, il s'entretient et se plaît sans cesse avec moi en mille et mille manières, sans parler de mon pardon, ni m'ôter mes premières habitudes ; quoique je le prie de me faire selon son cœur, je me vois toujours plus faible et plus misérable, cependant plus caressé de Dieu. Voilà comme je me considère de temps en temps en sa sainte présence.

Ma manière la plus ordinaire, est cette simple attention, et ce regard général et amoureux en Dieu ; où je me sens souvent attaché avec des douceurs et des satisfactions plus grandes que celles que goûte un enfant attaché aux mamelles de sa nourrice, aussi si j'osais me servir de ce terme, j'appellerais volontiers cet état mamelles de Dieu, pour les douceurs inexprimables que j'y goûte et dont je fais l'expérience.

Si quelquefois je m'en détourne par nécessité ou par infirmité, on me rappelle aussitôt par des mouvements intérieurs si charmants et si délicieux, que je suis confus d'en parler. Je vous prie, Mon Révérend Père, de réfléchir plutôt sur mes grandes misères dont vous êtes pleinement instruit, que sur ces grandes grâces dont Dieu favorise mon âme, tout indigne et méconnaissant que je suis.

Pour ce qui est de mes heures d'oraison, elles ne sont plus qu'une continuation de ce même exercice, quelquefois je m'y considère comme une pierre devant un sculpteur de laquelle il veut faire une statue, me présentant ainsi devant Dieu je le prie de former en mon âme sa parfaite image, et de me rendre entièrement semblable à lui.

D'autres fois aussitôt que je m'applique, je sens tout mon esprit, et toute mon âme s'élever sans aucun soin ni effort, et elle demeure comme suspendue et fixement arrêtée en Dieu comme en son centre, et en un lieu de repos.

Je sais que quelques-uns traitent d'oisiveté, de tromperie et d'amour-propre, cet état ; j'avoue que c'est une sainte oisiveté et un heureux amour-propre si l'âme en cet état en était capable puisqu'en effet lorsqu'elle est en ce repos elle ne peut souffrir de trouble par les actes que l'on faisait auparavant, et qui étaient son appui, mais qui seraient plutôt capables de lui nuire, que de l'aider.

Je ne peux cependant souffrir qu'on l'appelle tromperie, puisque l'âme qui y jouit de Dieu, n'y veut que lui ; si c'est tromperie en moi, c'est à lui d'y remédier, qu'il fasse de moi ce qu'il lui plaira, je ne veux que lui et veux être tout à lui. Vous m'obligerez pourtant de me mander votre sentiment, auquel je défère toujours beaucoup, car j'ai une estime toute particulière de votre Révérence, et suis en Notre-Seigneur,

Mon Révérend Père,

Votre etc.

VIe Lettre

A la Révérende Mère N...

Ma Révérende et très honorée Mère,
Mes prières quoique de peu de valeur, ne vous manqueront pas, je vous l'ai

promis, je vous garderai ma parole. Que nous serions heureux, si nous pouvions trouver le trésor dont parle l'Évangile, tout le reste ne nous paraîtrait rien. Comme il est infini, plus on y fouille, plus on y trouve de richesses, occupons-nous sans cesse à le chercher, ne nous lassons pas jusqu'à ce que nous l'ayons trouvé. *(Il parle ensuite de quelques affaires particulières, et plus bas il dit)* :

Enfin, ma Révérende Mère, je ne sais ce que je deviendrai. Il semble que la paix de l'âme et le repos d'esprit me viennent en dormant. Si j'étais capable de peine, ce serait de n'en point avoir, et s'il m'était permis, je me consolerais volontiers de ce qu'il y a un Purgatoire, où je crois souffrir pour la satisfaction de mes péchés, je ne sais ce que Dieu me garde, je suis dans une tranquillité si grande que je ne crains rien, que pourrais-je craindre quand je suis avec lui, Je m'y tiens le plus que je peux : il soit béni de tout, *Amen.*

Votre etc...

VIIe Lettre

A Madame N...

Madame,

Nous avons un Dieu infiniment bon, et qui sait ce qu'il nous faut, j'ai toujours cru qu'il vous réduisait à l'extrémité, il viendra en son temps, et lorsque vous y penserez le moins ; espérez en lui plus que jamais, remerciez-le avec moi des grâces qu'il vous fait, particulièrement de la force et de la patience qu'il vous donne en vos afflictions c'est une marque évidente du soin qu'il a de vous ; consolez-vous donc avec lui, et le remerciez de tout.

J'admire aussi la force et le courage de Monsieur de N... Dieu lui a donné un bon naturel, et une bonne volonté, mais il y a encore un peu de monde, et beaucoup de jeunesse, j'espère que l'affliction que Dieu lui a envoyée lui servira d'une médecine salutaire, et qu'elle le fera rentrer en lui-même, c'est une occasion pour l'engager à mettre toute sa confiance en celui qui l'accompagne partout, qu'il s'en souvienne le plus souvent qu'il pourra, surtout dans les plus grands dangers.

Une petite élévation de cœur suffit, un petit souvenir de Dieu, une adoration intérieure, quoiqu'en courant et l'épée à la main, sont des prières qui pour courtes qu'elles soient, sont cependant très agréables à Dieu, et qui bien loin de faire perdre le courage dans les occasions les plus dangereuses à ceux qui sont engagés dans les armes, elles les fortifient. Qu'il s'en souvienne donc le plus qu'il pourra, qu'il s'accoutume peu à peu à ce petit, mais saint exercice ; personne n'en voit rien, il n'est rien de plus facile que de réitérer souvent pendant la journée ces petites adorations intérieures. Recommandez-lui, s'il vous plaît, qu'il se souvienne le plus qu'il pourra de Dieu en la manière que je lui marque ici, elle est fort propre et très nécessaire pour un soldat tous les jours exposé dans les dangers de sa vie et souvent de son salut ;

j'espère que Dieu l'assistera et toute la famille que je salue, et suis à tous en général et en particulier,

Très humble, etc...

12 *Octobre* 1688.

VIIIe Lettre

A la Révérende Mère N...

Ma Révérende et très honorée Mère,

Vous ne me mandez rien de nouveau, vous n'êtes pas la seule agitée de pensées, notre esprit est extrêmement volage, mais la volonté étant la maîtresse de toutes nos puissances, elle doit le rappeler et le porter à Dieu comme à sa dernière fin.

Lorsque l'esprit, qui n'a pas été réduit dans les commencements, a contracté quelques méchantes habitudes d'égarement et de dissipation, elles sont difficiles à vaincre, et ordinairement elles nous entraînent malgré nous aux choses de la terre.

Je crois qu'un remède à cela est d'avouer nos fautes, et de nous humilier devant Dieu; je ne vous conseille pas de beaucoup discourir à l'oraison, les longs discours étant souvent des occasions d'égarement, tenez-vous-y devant Dieu comme un pauvre muet et un paralytique à la porte d'un riche, occupez-vous à tenir votre esprit en la présence du Seigneur ; s'il s'égare et s'en retire quelquefois, ne vous en inquiétez pas, les troubles de l'esprit servent plutôt à le distraire qu'à le rappeler, il faut que la volonté le rappelle tranquillement, si vous persévérez de la sorte, Dieu aura pitié de vous.

Un moyen de rappeler facilement l'esprit pendant le temps de l'oraison, et de le tenir plus en repos, est de ne lui pas laisser prendre beaucoup d'effort pendant la journée, il faut le tenir exactement en la présence de Dieu ; et étant habituée à vous en souvenir de temps en temps il sera facile de demeurer tranquille pendant vos oraisons, ou au moins de le rappeler de ses égarements.

Je vous ai parlé amplement dans mes autres lettres des avantages qu'on peut tirer de cette pratique de la présence de Dieu. Occupons-nous-y sérieusement et prions les uns pour les autres ; je me recommande aussi aux prières de la Sœur N... et de la Révérende Mère N. et suis à toutes en notre Seigneur,

Très humble, etc...

IXe Lettre

(A la même.)

Voici la réponse à celle que j'ai reçue de notre bonne Sœur N..., prenez la peine de la lui donner, elle me paraît pleine de bonne volonté, mais elle voudrait aller plus vite que la grâce, on n'est pas saint tout d'un coup ; je vous la recommande, nous devons nous aider les uns les autres par nos conseils, et encore plus par nos bons exemples, vous m'obligerez de me faire savoir de temps en temps de ses nouvelles, et si elle est bien fervente et bien obéissante.

Pensons souvent, ma chère Mère, que notre unique affaire en cette vie est de plaire à Dieu, que peut être tout le reste, que folie et vanité. ! Nous avons passé plus de quarante ans en Religion, les avons-nous employés à aimer et servir Dieu, qui par sa miséricorde nous y avait appelé pour cela. Je suis rempli de honte et de confusion, quand je réfléchis d'un côté sur les grandes grâces que Dieu m'a faites, et qu'il continue sans cesse de me faire, et de l'autre sur le mauvais usage que j'en ai fait, et sur mon peu de profit dans le chemin de la perfection,

Puisque par sa miséricorde il nous donne encore un peu de temps, commençons tout de bon, réparons le temps perdu, retournons avec une entière confiance à ce père de bonté, qui est toujours prêt à nous recevoir amoureusement. Renonçons, ma chère Mère, renonçons généreusement pour son amour à tout ce qui n'est point lui, il en mérite infiniment davantage ; pensons à lui sans cesse, mettons en lui toute notre confiance, je ne doute pas que nous n'en expérimentions bientôt les effets, et que nous ne ressentions l'abondance de ses grâces, avec lesquelles nous pouvons tout, et sans lesquelles nous ne pouvons que le péché.

Nous ne pouvons éviter les dangers et les écueils dont la vie est pleine sans un secours actuel et continuel de Dieu ; demandons-lui continuellement. Comment le demander sans être avec lui ? Comment être avec lui qu'en y pensant souvent ? Comment y penser souvent que par une sainte habitude qu'il faut s'en former ? Vous me direz que je vous dis toujours la même chose. Il est vrai, je ne connais pas de moyen plus propre, ni plus facile que celui-là ; et comme je n'en pratique pas d'autre, je le conseille à tout le monde ; il faut connaître avant que d'aimer, pour connaître Dieu il faut souvent penser à lui ; et quand nous l'aimerons, nous y penserons aussi fort souvent, car notre cœur est où est notre trésor ! Pensons-y souvent, et pensons-y bien.

Votre très humble, etc...

28 *Mars* 1689.

Xe *Lettre*

A Madame N...

Madame,

J'ai eu bien de la peine de me résoudre à écrire à M. de N... Je ne le fais que parce que vous et Madame de N... le souhaitez. Prenez donc la peine d'y mettre l'adresse et de la faire tenir. Je suis bien satisfait de la confiance que vous avez en Dieu, je souhaite qu'il vous l'augmente de plus en plus. Nous n'en saurions trop avoir en un ami si bon et si fidèle, qui ne nous manquera jamais ni en ce monde ni en l'autre.

Si Monsieur de N... sait profiter de la perte qu'il a faite, et qu'il mette toute sa confiance en Dieu, il lui donnera bientôt un autre ami plus puissant et mieux intentionné ; il dispose des cœurs comme il veut, peut-être y avait-il trop de naturel et trop d'attache pour celui qu'il a perdu ; nous devons aimer nos amis, mais sans préjudice de l'amour de Dieu qui doit être le premier. Souvenez-vous, je vous prie, de ce que je vous ai recommandé, qui est de penser souvent à Dieu le jour, la nuit, en toutes vos occupations, vos exercices, même pendant vos divertissements, il est toujours auprès de vous et avec vous, ne le laissez pas seul, vous croiriez être incivil de laisser seul un ami qui vous rendrait visite. Pourquoi abandonner Dieu et le laisser seul ? Ne l'oubliez donc pas ! Pensez souvent à lui, c'est là la belle occupation d'un Chrétien ; en un mot c'est notre métier, si nous ne le savons pas, il faut l'apprendre, je vous y aiderai par mes prières. Je suis en Notre-Seigneur,

Votre etc...

De Paris, le 29 Octobre 1689.

XIᵉ *Lettre*

A la Révérende Mère N...

Ma Révérende et très honorée Mère.

Je ne demande pas à Dieu la délivrance de vos peines, mais je lui demande instamment qu'il vous donne des forces et la patience pour les souffrir aussi longtemps qu'il lui plaira. Consolez-vous avec celui qui vous tient attachée sur la croix, il vous en détachera quand il le jugera à propos. Heureux ceux qui souffrent avec lui, accoutumez-vous à y souffrir et demandez-lui des forces pour souffrir tout ce qu'il voudra et autant de temps qu'il jugera vous être nécessaire. Le monde ne comprend pas ces vérités, et je ne m'en étonne pas, c'est qu'ils souffrent en gens du monde et non pas en chrétiens ; ils regardent les maladies comme des peines de la nature, et non pas comme des grâces de Dieu, et par cet endroit ils n'y trouvent rien que de contraire et de rude à la nature, mais ceux qui les considèrent venant de la main de Dieu, comme des effets de sa miséricorde, et des moyens dont il se sert pour leur salut, y goûtent ordinairement de grandes douceurs et de sensibles consolations.

Je voudrais que vous puissiez vous persuader que Dieu est souvent près de nous dans le temps des maladies et des infirmités, que lorsque nous jouissons d'une parfaite santé, ne cherchez pas d'autre médecin que lui ; à ce que je peux comprendre, il veut nous guérir seul ; mettez toute votre confiance en lui, vous en verrez bientôt les effets que nous retardons souvent par une plus grande confiance aux remèdes qu'en Dieu.

Quelques remèdes dont vous vous serviez ils n'agiront qu'autant qu'il le permettra ; quand les douleurs viennent de Dieu, lui seul les peut guérir ; il nous laisse souvent les maladies du corps pour guérir celles de l'âme. Consolez-vous avec le souverain médecin des âmes et des corps.

Je prévois que vous me direz que je l'ai fort aisé, que je bois et mange à la table du Seigneur, vous avez raison ; mais pensez-vous que ce serait une petite peine au plus grand criminel du monde de manger à la table du Roi, d'être servi de ses mains, sans être pourtant assuré de son pardon. Je crois qu'il en ressentirait une très grande peine que la seule confiance en la bonté de son Souverain pourrait modérer ! Aussi puis-je vous assurer que quelque douceur que je ressente en buvant et mangeant à la table de mon Roi, mes péchés toujours présents devant mes yeux, aussi bien que l'incertitude de mon pardon, me tourmentent ; quoiqu'à la vérité, la peine me soit agréable.

Contentez-vous de l'état où Dieu vous a mis, quelque heureux que vous me croyiez, je vous porte envie. Les douleurs et les souffrances me seront un paradis quand je souffrirai avec Dieu, et les plus grands plaisirs me seraient un enfer, si je les goûtais sans lui, toute ma consolation serait de souffrir quelque chose pour lui.

Je suis bientôt sur le point d'aller voir Dieu, je veux dire, de lui aller rendre compte. Car si j'avais vu Dieu un seul moment, les peines du Purgatoire me seraient douces, dussent-elles durer jusqu'à la fin du monde. Ce qui me console en cette vie, est que je vois Dieu par la foi ; et je le vois d'une manière qui pourrait me faire dire quelquefois : je ne crois plus, mais je vois, j'expérimente ce que la foi nous enseigne; et sur cette assurance et cette pratique de la foi je vivrai et mourrai avec lui.

Tenez-vous donc toujours avec Dieu, c'est le seul et unique soulagement à vos maux ; je le prierai de vous tenir compagnie. Je salue la Révérende Mère Prieure, je me recommande à ses saintes prières, à celles de la sainte Communauté et aux vôtres, et suis en Notre Seigneur,

Votre etc...

Ce 17 novembre 1690.

XIIᵉ Lettre

A la Révérende Mère N...

Ma Révérende Mère,

Puisque vous souhaitez avec tant d'empressement que je vous fasse part de la méthode que j'ai gardée pour arriver à cet état de présence de Dieu, où Notre Seigneur, par sa miséricorde, a bien voulu me mettre, je ne peux vous céler que c'est avec bien de la répugnance que je me laisse gagner à vos importunités, mais encore avec cette condition que vous ne communiquerez ma lettre à personne. Si je savais que vous dussiez la faire voir, tout le désir que j'ai de votre perfection ne serait pas capable de m'y résoudre. Voici ce que je peux vous en dire.

Ayant trouvé dans plusieurs livres des méthodes différentes pour aller à Dieu, et diverses pratiques de la vie spirituelle, j'ai cru que cela servirait plutôt à embarrasser mon esprit qu'à me faciliter

ce que je prétendais et ce que je cherchais,
et qui n'était autre chose qu'un moyen
d'être tout à Dieu, ce qui me fit résoudre
à donner le tout pour le tout ; ainsi,
après m'être donné tout à Dieu en satisfaction de mes péchés, je renonçai pour
son amour à tout ce qui n'était point
lui et moi au monde ; je me considérais
quelquefois comme devant lui un pauvre
criminel et aux pieds de son Juge, d'autres
fois je le regardais dans mon cœur comme
mon Père, comme mon Dieu. Je l'y ado-
rais le plus souvent que je pouvais, tenant mon esprit en sa sainte présence,
et le rappelant autant de fois que je
l'en trouvais distrait. Je n'eus pas peu de
peine à cet exercice que je continuais
malgré toutes les difficultés que j'y ren-
contrais, sans me troubler ni m'inquiéter,
lorsque j'étais distrait involontairement.
Je ne m'y occupais pas moins pendant la
journée que pendant mes oraisons ; car
en tout temps, à toute heure et à tout
moment, dans le plus fort même de mon
travail, je banissais et éloignais de mon

esprit tout ce qui était capable de m'ôter la pensée de Dieu.

Voilà, ma Révérende Mère, ma pratique ordinaire depuis que je suis en Religion, quoique je ne l'aie pratiquée qu'avec beaucoup de lâcheté et d'imperfections, j'en ai cependant reçu de très grands avantages. Je sais bien que c'est à la miséricorde et à la bonté du Seigneur qu'il faut les attribuer, puisque nous ne pouvons rien faire sans lui, et moi encore moins que tous les autres ; mais lorsque nous sommes fidèles à nous tenir en sa sainte présence, à le considérer toujours devant nous, outre que cela nous empêche de l'offenser, et de rien faire qui lui puisse déplaire au moins volontairement, c'est qu'à force de le considérer de la sorte nous prenons une sainte liberté pour lui demander les grâces dont nous avons besoin. Enfin c'est qu'à force de réitérer ces actes, ils nous deviennent plus familiers et la présence de Dieu devient comme naturelle. Remerciez-le, s'il vous plaît, avec moi, de sa grande bonté à mon égard que je ne peux assez admirer pour le grand nombre des grâces qu'il a faites à un aussi misérable pécheur que moi, il soit béni de tout. *Amen.* Je suis en Notre Seigneur,

Votre etc...

(*Cette Lettre est sans date.*)

XIIIe Lettre

A la Révérende Mère N...

Ma bonne Mère,

Si nous étions bien habitués dans l'exercice de la présence de Dieu, toutes les maladies du corps nous seraient légères, souvent Dieu permet que nous offrions un peu pour purifier notre âme, et nous oblige de demeurer avec lui ; je ne peux comprendre qu'une âme qui est avec Dieu et qui ne veut que lui, soit capable de peine, j'ai même assez d'expérience pour n'en pas douter.

Prenez courage, offrez-lui sans cesse

vos peines, demandez-lui des forces pour les souffrir, surtout accoutumez-vous à vous entretenir souvent avec lui, et ne l'oubliez que le moins que vous pourrez, adorez-le dans vos infirmités, offrez-lui de temps en temps, et dans le plus fort de vos douleurs demandez-lui humblement et amoureusement, comme un enfant à son père, la conformité de sa sainte volonté, et le secours de sa grâce ; je vous y aiderai par mes pauvres et chétives prières.

Dieu a plusieurs moyens pour nous attirer à lui, il se cache quelquefois de nous, mais la foi seule qui ne nous manquera pas au besoin, doit être notre soutien, et le fondement de notre confiance qui doit être toute en Dieu.

Je ne sais ce que Dieu veut faire de moi, je suis toujours plus content ; tout le monde souffre, et moi qui devrais faire des pénitences rigoureuses, je sens des joies si continuelles et si grandes, que j'ai de la peine à les modérer.

Je demanderais volontiers à Dieu

une partie de vos douleurs, si je ne con-
naissais ma faiblesse qui est si grande,
que s'il me laissait pour un moment à
moi-même, je serais le plus misérable de
toutes les créatures. Je ne sais cependant
comment il pourrait me laisser seul,
puisque la foi me le fait toucher au doigt,
et qu'il ne s'éloigne jamais de nous que
nous ne nous en éloignons les premiers,
craignons de nous en éloigner, soyons
toujours avec lui, vivons et mourons
avec lui, priez-le pour moi et moi pour
vous,

Votre etc...

26 *Novembre* 1690.

XIV Lettre

A la même

Ma bonne Mère,

J'ai de la peine de vous voir si longtemps
souffrir, ce qui adoucit la compassion
que j'ai de vos douleurs, est que je suis
persuadé qu'elles sont des preuves de

l'amour que Dieu a pour vous, regardez-les par cet endroit, elles vous seront faciles à supporter, ma pensée est que vous quittiez tous les remèdes humains, que vous vous abandonniez entièrement à la divine Providence, peut-être Dieu n'attend-il que cet abandon et une parfaite confiance en lui pour vous guérir ; puisque malgré tous vos soins les remèdes n'ont pas l'effet qu'ils devraient avoir, qu'au contraire, le mal s'augmente, ce n'est plus tenter Dieu de s'abandonner entre ses mains et attendre tout de lui.

Je vous ai déjà dit dans ma dernière que quelquefois il permet que le corps souffre pour guérir la maladie de nos âmes ; soyez courageuse, faites de nécessité, vertu ; demandez à Dieu, non pas d'être délivrée des peines du corps, mais des forces pour souffrir courageusement pour son amour tout ce qu'il voudra et aussi longtemps qu'il lui plaira.

Ces prières sont à la vérité un peu dures à la nature, mais très agréables à Dieu, et douces à ceux qui l'aiment, l'amour adoucit les peines et lorsqu'on aime Dieu, on souffre pour lui avec joie et avec courage ; faites-le je vous en prie, consolez-vous avec celui qui est le seul et unique remède à tous nos maux, il est le père des affligés, toujours prêt à nous secourir il nous aime infiniment plus que nous ne pensons. Aimez-le donc, ne cherchez plus d'autre soulagement qu'en lui, j'espère que vous le recevrez bientôt ; adieu, je vous y aiderai par mes prières toutes pauvres qu'elles sont, et serai toujours en Notre Seigneur

Votre etc...

Et plus bas : Ce matin, jour de Saint-Thomas, j'ai communié à votre intention.

XVe Lettre

A la même.

A ma très chère Mère N...

Ma très chère Mère,

Je rends grâces au Seigneur de vous avoir un peu soulagée selon votre désir, j'ai été bien des fois prêt à expirer, quoique je n'eusse jamais été si content, aussi n'ai-je pas demandé de soulagement, mais j'ai demandé des forces pour souffrir courageusement, humblement et amoureusement ; prenez courage, ma très chère Mère. Ah, qu'il est doux de souffrir avec Dieu, quelque grandes que soient les souffrances, prenez-les avec amour, c'est un Paradis de souffrir et d'être avec lui, aussi si nous voulons jouir dès cette vie de la paix du Paradis, il faut nous habituer à un entretien familier, humble et amoureux avec lui ; il faut empêcher que notre esprit ne s'en éloigne pour quelque· occasion que ce soit ; il faut lui faire de notre cœur un temple spirituel où nous l'adorions sans cesse ; il faut veiller sans relâche sur nous-mêmes pour ne rien faire ni rien dire et ne rien penser qui lui puisse déplaire. Lorsque nous serons ainsi occupés de Dieu, les souffrances n'auront plus que des douceurs, des onctions et des consolations.

Je sais que pour arriver à cet état le

commencement est fort difficile, qu'il
faut agir purement en foi, nous savons
aussi que nous pouvons tout avec la
grâce du Seigneur, qu'il ne la refuse pas
à ceux qui la lui demandent avec instance.
Frappez à sa porte, persévérez à frapper
et je vous réponds qu'il vous ouvrira en
bon temps, si vous ne vous rebutez pas,
et qu'il vous donnera tout d'un coup ce
qu'il aura différé durant plusieurs années.
Adieu, priez-le pour moi comme je le
fais pour vous, j'espère le voir bientôt,
Je suis tout à vous en Notre Seigneur.
22 *Janvier* 1691.

*XVI*e *Lettre*

(A la même)

Ma bonne Mère,

Dieu sait très bien tout ce qu'il nous
faut et tout ce qu'il fait est pour notre
bien ; si nous savions combien il nous

aime, nous serions toujours prêts à recevoir également de ses mains le doux et l'amer, et les choses même les plus pénibles et les plus dures, nous seraient douces et agréables ; les peines les plus difficiles ne paraissent ordinairement insupportables, que par l'endroit que nous les regardons, et lorsque nous sommes persuadés que c'est la main de Dieu qui agit sur nous, que c'est un Père plein d'amour, qui nous met dans les états d'humiliation, de douleur et de souffrance, toute amertume en est ôtée et elles n'ont que de la douceur.

Occupons-nous entièrement à connaître Dieu, plus on le connaît, plus on désire de le connaître, et comme l'amour se mesure ordinairement par la connaissance, plus la connaissance aura de profondeur et d'étendue, plus l'amour sera grand, et si l'amour est grand nous l'aimerons également dans les peines et dans les consolations.

Ne nous arrêtons pas à chercher ou à aimer Dieu pour les grâces qu'il nous a

faites, quelques élevées qu'elles puissent
être, ou pour celles qu'il peut nous faire ;
ces faveurs, pour grandes qu'elles soient,
ne nous approcheront jamais si près de lui
que la foi nous en approche par un simple
acte ; cherchons-le souvent par cette
vertu ; il est au milieu de nous, ne le
cherchons point ailleurs ; ne sommes-
nous pas incivils, et même coupables, de
le laisser seul, nous occupant de mille et
mille bagatelles, qui lui déplaisent et
peut-être qui l'offensent. Il les souffre
pourtant, mais il est bien à craindre
qu'un jour elles ne nous coûtent beaucoup.

Commençons d'être à lui tout de bon,
bannissons de notre cœur et de notre
esprit tout ce qui n'est point lui ; il veut
être seul, demandons lui cette grâce ; si
nous faisons de notre part tout ce que
nous pourrons, nous verrons bientôt en
nous le changement que nous espérons ;
je ne peux assez le remercier du peu
de relâche qu'il vous a donné ; j'espère
de sa miséricorde la grâce de le voir dans

peu de jours ; prions les uns pour les autres.

Je suis en Notre Seigneur,

Votre etc...

6 *Février* 1691.

BIBLIOGRAPHIE

*Mœurs et Entretiens du Frère Laurent,
de la Résurrection*, carme déchaussé,
avec la Pratique de la Préssence de
Dieu, tirée de ses lettres, à Chaalas, 1693.
(Bibliothèque Nationale, cote 28, 27, 17

*Maximes spirituelles, fort utiles aux âmes
pieuses pour acquérir la présence de
Dieu*, recueillies de quelques manus-
crits du Frère Laurent de la Résurrection, Religieux convers des Carmes
déchaussés, avec l'abrégé de la vie
de l'auteur et quelques lettres qu'il a
écrites à des personnes de piété.
Paris 1692.

 (Bibliothèque Nationale, cote D 37601)

TABLE DES MATIÈRES

Imprimerie Ch.-A. BÉDU

Société Anonyme

Saint-Amand (Cher)